Déborah Pádua Mello Neves

Aprender mais

CADERNO DE REFORÇO

História

Geografia

Ciências

VOLUME 3

ENSINO FUNDAMENTAL

IBEP

2ª edição
São Paulo
2013

Coleção Aprender Mais
Volume 3
© IBEP, 2013

Diretor superintendente	Jorge Yunes
Diretora adjunta editorial	Célia de Assis
Editores	Lizete Mercadante Mizue Jyo Rosicler Martins
Assistentes editoriais	Fernanda dos Santos Silva Karina Danza
Revisão	Luiz Gustavo Micheletti Bazana
Coordenadora de arte	Karina Monteiro
Assistentes de arte	Marilia Vilela Nane Carvalho
Coordenadora de iconografia	Maria do Céu Pires Passuello
Assistentes de iconografia	Adriana Neves Wilson de Castilho
Produção gráfica	José Antônio Ferraz
Assistente de produção gráfica	Eliane M. M. Ferreira
Produção editorial	José Antonio Ferraz
Ilustrações	Camila Scavazza Eduardo Carlos Pereira Hélio Senatore Lie Kobayashi
Projeto gráfico	APIS design integrado
Capa	APIS design integrado
Editoração eletrônica	N-Publicações

CIP-BRASIL. CATALOGAÇÃO-NA-FONTE
SINDICATO NACIONAL DOS EDITORES DE LIVROS, RJ

N423a
2. ed.

Neves, Déborah Pádua Mello
Aprender mais : caderno de reforço : história, geografia e ciências, volume 3 / Déborah Pádua Mello Neves. - 2. ed. - São Paulo : IBEP, 2013.
216 p. : il. ; 28 cm. (Aprender mais)

ISBN 9788534236898 (mestre) 9788534236843 (aluno)

1. Ensino fundamental - Estudo e ensino. 2. História - Estudo e ensino (Ensino fundamental). 3. Geografia - Estudo e ensino (Ensino fundamental). 4. Ciências - Estudo e ensino (Ensino fundamental). I. Título. II. Série.

13-03886 CDD: 372
CDU: 373.3.016

12/08/2013 13/08/2013

2ª edição – São Paulo – 2013

IBEP

Av. Alexandre Mackenzie, 619 – Jaguaré
São Paulo – SP – 05322-000 – Brasil – Tel.: (11) 2799-7799
www.editoraibep.com.br editoras@ibep-nacional.com.br

Impresso na Gráfica FTD

Aprender mais

CADERNO DE REFORÇO

Nome: ______________________________

____

Ano: ______________________________

Professor (a): ______________________________

____

Escola: ______________________________

____

Endereço: ______________________________

____

____

História

Sumário

REFORÇO 1

A comunidade

IARA VENAZI/KINO

A comunidade é o grupo de pessoas que vivem em um mesmo lugar, ajudando umas às outras, para o progresso e o bem-estar de todos.

A primeira experiência que temos de vida em comunidade é a família. Depois, ampliamos a convivência para outras pessoas fora da nossa família, como as pessoas com as quais convivemos na escola, no ambiente religioso, na rua onde moramos, no parquinho onde vamos para o lazer.

ATIVIDADES...

1. Assinale com um **x** o que deve haver numa comunidade.

- [ ] desordem
- [ ] harmonia
- [ ] amizade
- [ ] respeito
- [ ] brigas
- [ ] cooperação

2. Dê alguns dados sobre a comunidade onde você mora: ela é grande, média ou pequena?

3. Se você frequenta alguma igreja, escreva o nome dela.

4. Dê o nome da sua escola.

5. Quais são as pessoas que compõem a comunidade de sua escola?

A família é uma comunidade

CREATAS

A família, nossa primeira comunidade, é formada pelos pais, irmãos, avós, tios, primos etc.

Existem famílias em que os filhos vivem só com o pai ou só com a mãe ou com algum parente.

IARA VENAZI/KINO

JUPITER IMAGES

Há ainda crianças que são adotadas por outras famílias, ou que vivem em orfanatos.

Toda família tem um sobrenome. O sobrenome indica a que família a pessoa pertence.

Às vezes a pessoa recebe o sobrenome da mãe e o sobrenome do pai. Às vezes, só recebe o do pai ou o da mãe.

ATIVIDADES...

1. Peça aos seus pais sua Certidão de Nascimento. Após consultá-la, complete os dados a seguir.

   a) Seu nome completo –

   b) Nome completo de sua mãe –

   c) Nome completo de seu pai –

2. Você usa o sobrenome de sua mãe e de seu pai ou apenas de um deles?

3. Quais são as pessoas da sua comunidade familiar?

4. Assinale **sim** ou **não**.

   a) Todos os filhos vivem com o pai e a mãe juntos.
   ☐ sim ☐ não

   b) Todas as crianças têm sobrenome?
   ☐ sim ☐ não

5. Qual é a comunidade familiar de crianças que vivem em orfanatos?

REFORÇO

2 As outras gerações

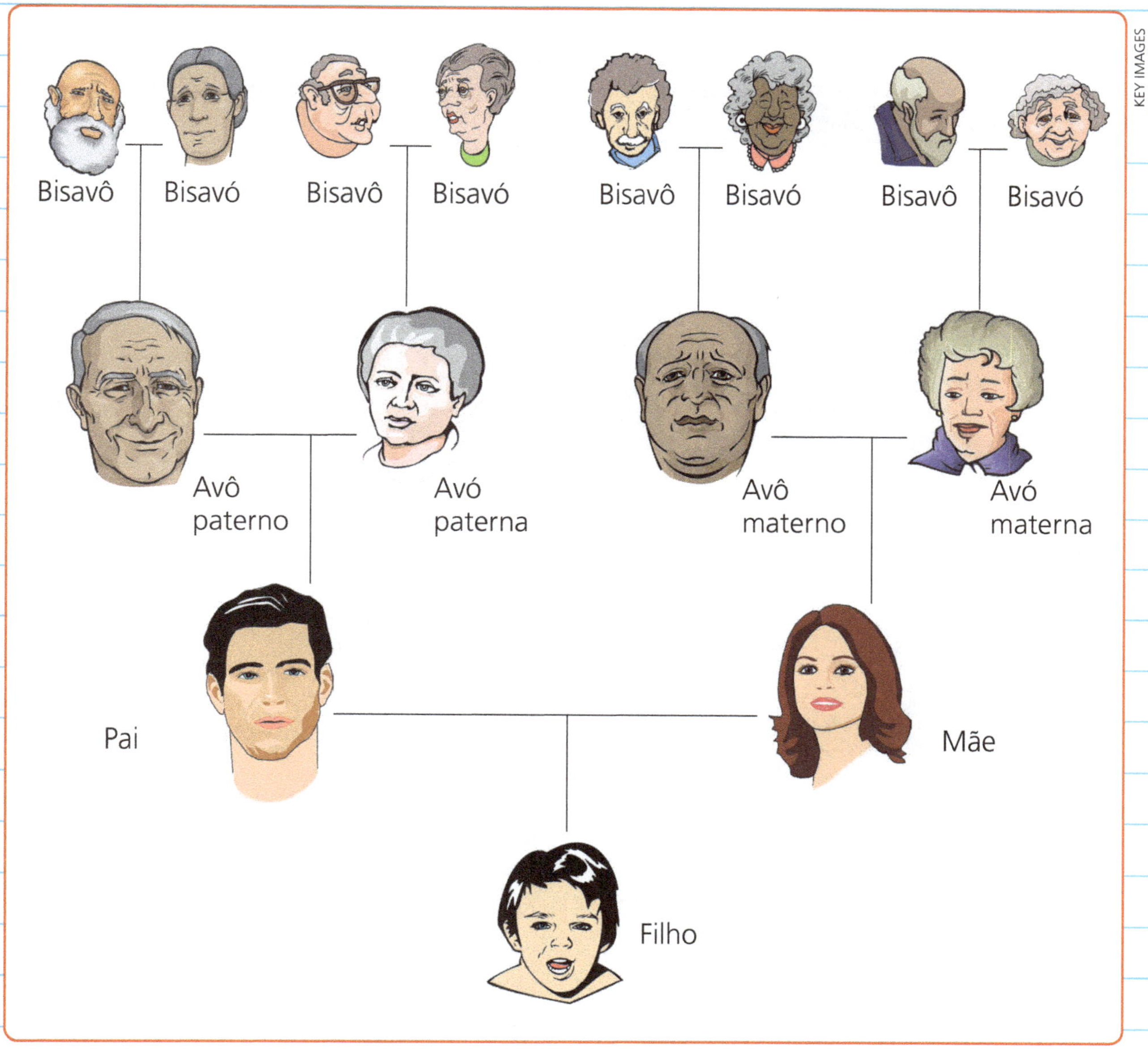

Esse é o desenho de uma árvore genealógica. Nela encontram-se os nomes dos antepassados de uma pessoa: o pai e a mãe; os avós paternos; os avós maternos; os bisavós paternos; os bisavós maternos etc.

ATIVIDADES...

1. Complete a árvore genealógica com o nome das pessoas de sua família.

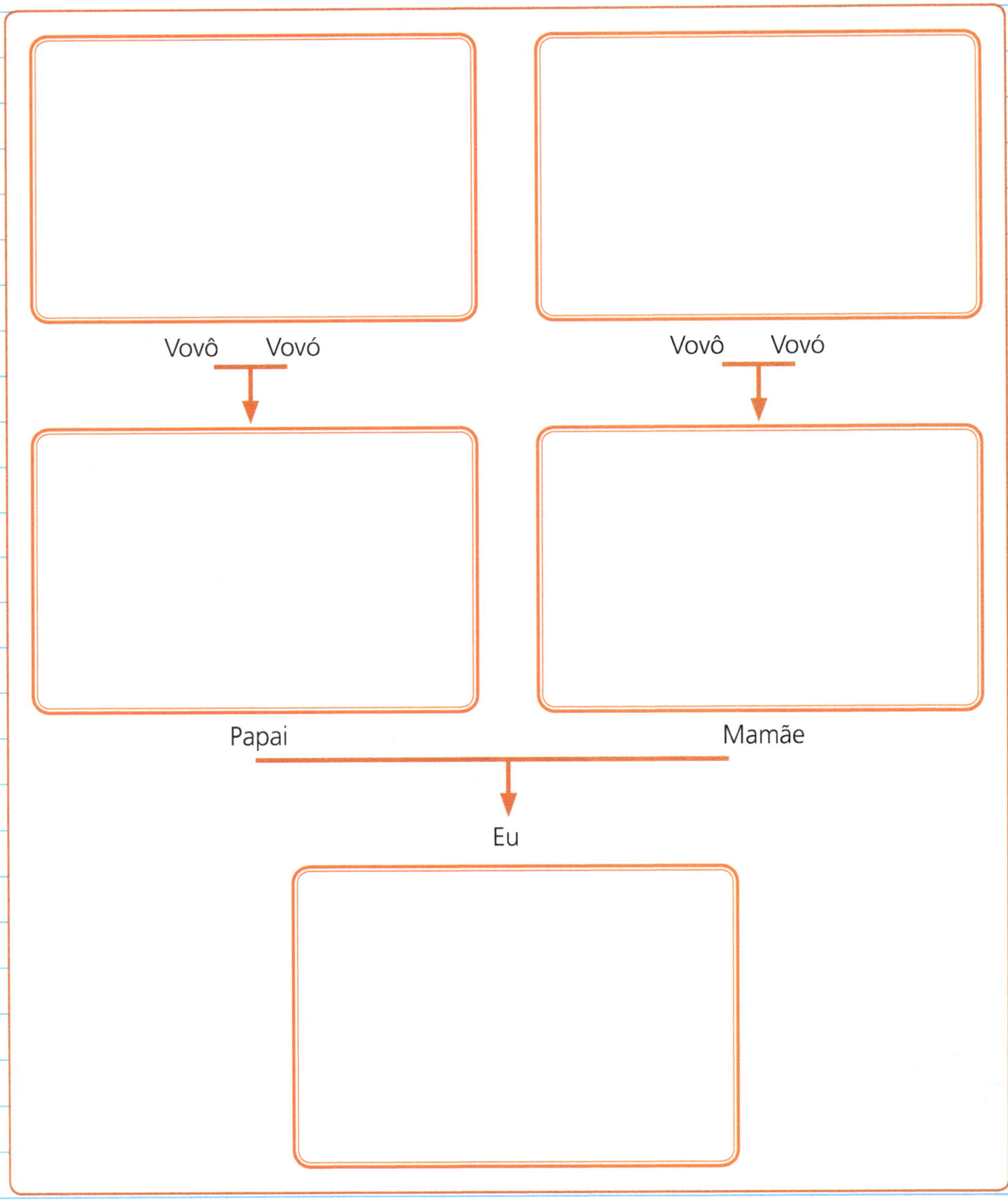

2. Agora que você já completou a sua árvore genealógica, procure entrevistar a pessoa mais idosa da sua família (um de seus avós, por exemplo), para conhecer mais a sua família.
Siga o roteiro.

a) Nome completo.

b) Idade.

c) Cidade, estado e país onde nasceu.

d) O que se lembra do lugar onde nasceu?

e) Morou durante muito tempo no local onde nasceu?

f) Caso tenha se mudado, em que lugar ou lugares morou?

g) Em que lugar mora atualmente?

h) Por que escolheu para morar o local onde vive hoje?

As pessoas da sua família

- Os pais de seus pais são seus **avós**.
- Os avós de seus pais são seus **bisavós**.
- Os irmãos de seus pais são seus **tios**.
- Os filhos de seus tios são seus **primos**.
- Os filhos de seus tios são sobrinhos de seus **pais**.

ATIVIDADES...

1. Quantas pessoas moram na sua casa? Qual é o grau de parentesco que elas têm com você?

2. Qual é a idade e o local onde nasceram:

   a) seu pai?
   b) sua mãe?

3. Procure saber qual é a cidade em que nasceram seus avós e complete.

   a) avô paterno –
   b) avó paterna –
   c) avô materno –
   d) avó materna –

4. Geralmente, os avós ou as pessoas mais velhas com quem convivemos contam histórias de suas vidas. Alguém já contou histórias de vida para você? Quais?

5. Complete as frases e preencha os quadrinhos.

1. Os pais de seus pais são seus ______________.
2. A filha de seu tio é sua ______________.
3. Você é ______________ de seus avós.
4. A irmã de sua mãe é sua ______________.
5. O filho de seus pais é seu ______________.
6. Os pais de seus avós são seus ______________.

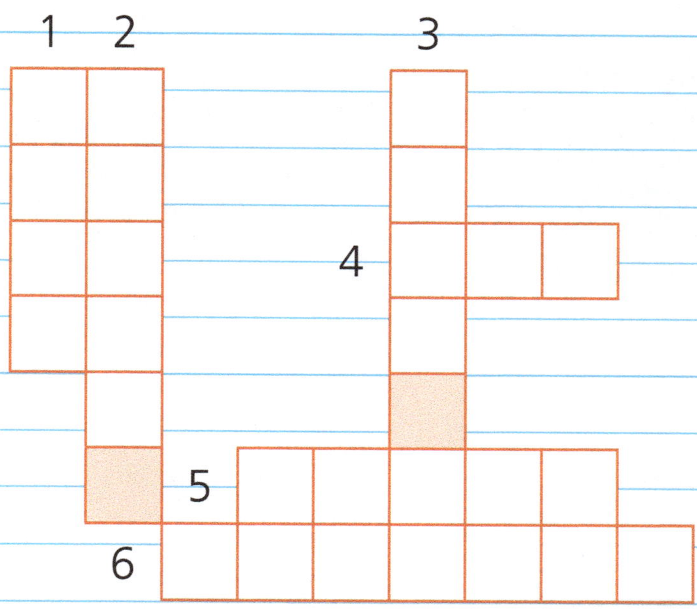

6. Escolha duas pessoas da sua família e desenhe-as no quadro a seguir.

REFORÇO 3

A comunidade escolar

A escola é uma comunidade

Há escolas grandes, com muitas salas de aula e muitas dependências.

E há escolas médias, com poucas salas de aula e poucas dependências.

WERNER RUDHART/KINO

Há também escolas pequenas, com apenas uma sala de aula. Geralmente essas escolas ficam na zona rural.

As escolas, porém, independentemente de seu tamanho, são importantes, porque nelas aprendemos muitas coisas.

Na escola trabalham muitas pessoas: o diretor, o vice-diretor, o secretário, o bibliotecário, os supervisores, os orientadores, os coordenadores, os professores, o inspetor de alunos, o porteiro, os serventes, o merendeiro etc.

Todas as escolas têm nome: pode ser uma data, um fato histórico, o nome de uma pessoa etc.

ATIVIDADES...

1. Qual é o nome da sua escola?

2. Em que rua ela se localiza?

3. Na sua escola há quantas salas de aula?

4. Marque com um **x** o que há na sua escola.

- ☐ diretoria
- ☐ laboratórios
- ☐ secretaria
- ☐ sala de informática
- ☐ banheiros
- ☐ consultório dentário
- ☐ quadra de esportes
- ☐ refeitório
- ☐ horta
- ☐ biblioteca
- ☐ cantina
- ☐ jardim
- ☐ auditório
- ☐ piscina

5. Complete o diagrama com o nome do cargo de quem:

1. Dirige a escola.
2. Ensina os alunos.
3. Prepara a merenda.
4. Cuida dos dentes dos alunos.
5. Limpa a escola.
6. Orienta a entrada e a saída dos alunos.

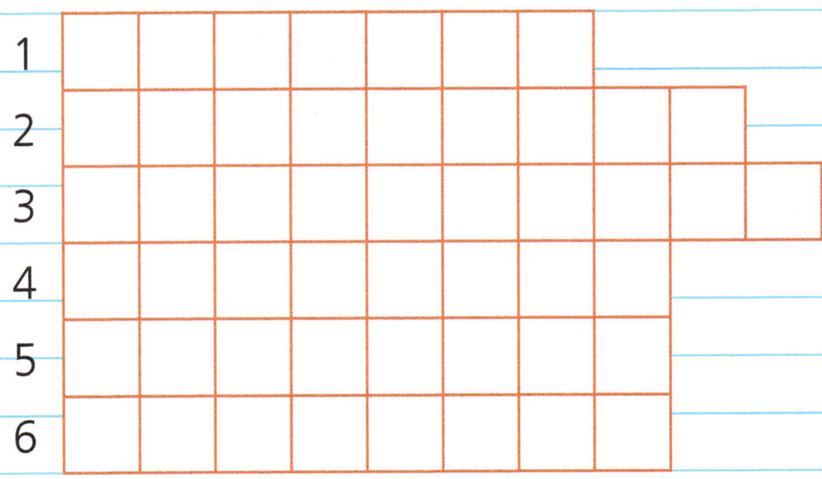

REFORÇO 4

O quarteirão da escola

CAMILA SCAVAZZA GUIRADO

Essa escola está localizada em um **quarteirão** da cidade.

ATIVIDADES...

1. Observe os estabelecimentos comerciais que são vizinhos dessa escola e escreva o nome deles.

2. Escreva o nome das ruas que formam o quarteirão da sua escola.

   a) na frente dela
   b) à esquerda
   c) à direita
   d) atrás

3. Pesquise em um dicionário o significado da palavra **quarteirão**.

4. Desenhe no espaço a seguir o quarteirão de sua escola, visto de cima, com o nome das ruas e algumas construções que lá existem.

A sala de aula

EDUARDO ZAPPIA/PULSAR IMAGENS

Sala de aula da Escola Municipal Raimundo Pimentel, Sobral, CE.

Nós estudamos na sala de aula.

Geralmente, nas salas de aula há janelas amplas, para entrar luz e ar fresco.

Na frente da sala, ficam a mesa e a cadeira do professor e também a lousa.

No centro, ficam as carteiras enfileiradas. Nas paredes, encontram-se os mapas, os trabalhos dos alunos etc.

No entanto, há salas de aula muito simples, principalmente na periferia das grandes cidades e na zona rural. E há salas de aula com organização diferente, em que os alunos usam computadores para auxiliar no aprendizado.

Seja qual for o tipo de sala de aula, ela é um espaço de convivência e aprendizado.

LUCIANA WHITAKER/PULSAR IMAGENS

Alunos da Escola Municipal Nova Esperança, Piraí, Rio de Janeiro.

Veja a planta de uma sala de aula, isto é, um desenho da sala de aula vista de cima.

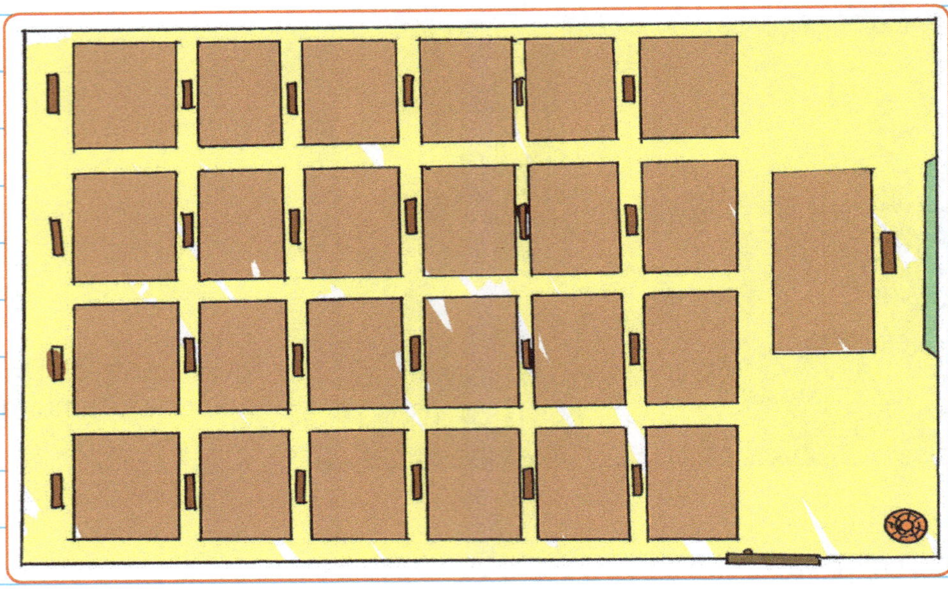

CAMILA SCAVAZZA

ATIVIDADES...

1. Complete.

Em sua sala de aula há ______ janelas, ______ portas, ______ mesas, ______ armários, ______ lousa, ______ mapas, ______ carteiras.

2. Descreva a sua sala de aula. Siga o roteiro.

a) Onde ela está situada?

b) Ela é grande ou pequena?

c) Como é o piso (de tábuas, de tijolo, de lajotas etc.)?

d) De que cor as paredes são pintadas?

e) Onde se localizam a lousa e a mesa do professor?

3. Faça a planta da sua sala de aula.

REFORÇO 5

A disposição dos alunos na sala de aula

Geralmente, cada aluno ocupa uma carteira na sala de aula.

JUCA MARTINS/OLHAR IMAGEM

Às vezes, os alunos sentam-se em grupos para assistir às aulas ou para realizar trabalhos em conjunto.

LIQUID LIBRARY

ATIVIDADES...

1. Na sua sala de aula, você ocupa uma carteira individual ou assiste às aulas em grupo?

2. Se você ocupa uma carteira, escreva o nome do colega que se senta:

   a) Na sua frente.
   b) Atrás de você.
   c) À sua direita.
   d) À sua esquerda.

3. Você assiste a todas as aulas na mesma sala?

4. De vez em quando, você vai a uma sala especial assistir à outra aula? Qual?

5. Você gosta da sua sala de aula? Diga por quê.

Colegas de classe

Em uma sala de aula, há várias crianças mais ou menos da mesma idade. São os colegas de classe, que fazem muitas atividades juntos: estudam as mesmas lições; fazem os mesmos trabalhos; no recreio, brincam, jogam bola, correm.

FRANCO HOFF/PULSAR IMAGENS

Alunos estudando juntos em sala de aula.

ATIVIDADES...

1. Quantos colegas há na sua classe?

2. Escreva o nome de cinco colegas com quem você estuda e brinca.

3. Escreva sobre o que você faz junto com os colegas na sua escola.

4. Desenhe você e seus colegas na sala de aula.

REFORÇO 6

Direitos e deveres do aluno

FRANCO HOFF/PULSAR IMAGENS

Estes alunos estão ajudando uns aos outros no horário do lanche. A escola é um espaço de convivência, onde todos se relacionam uns com os outros, por isso há direitos e deveres que precisam ser seguidos para a boa convivência e o aproveitamento do que a escola oferece.

Direitos do aluno

- Receber educação e instrução.
- Ser respeitado.
- Receber alimentação.
- Estudar em ambiente limpo e agradável.
- Ter segurança.

Deveres do aluno

- Ser assíduo, isto é, não faltar às aulas.
- Ser pontual, isto é, chegar sempre no horário.
- Prestar atenção nas aulas.
- Fazer as atividades escolares.
- Cuidar do material escolar.
- Respeitar os colegas e os funcionários da escola.
- Zelar pela limpeza da escola.

ATIVIDADES...

1. Complete.

a) Eu estudo no período da ______________________.

b) Eu entro na escola às ______________________.

c) Eu saio da escola às ______________________.

2. Você gosta de estudar nesse período? Diga por quê.

3. Escreva **DE** para o que for dever do aluno e **DI** para o que for direito do aluno.

- [ ] No recreio, receber alimentação da escola.
- [ ] Ajudar na limpeza e na conservação da sala de aula, do pátio e do prédio escolar.
- [ ] Prestar atenção nas explicações do professor.
- [ ] Estudar em uma sala de aula confortável.
- [ ] Fazer as atividades em sala de aula.
- [ ] Perguntar ao professor sobre o que não entendeu.

REFORÇO 7

O comportamento na escola

LAURENI FOCHETTO

Na escola convivemos com os colegas, o professor e todos os demais funcionários.

Todos têm obrigações a cumprir. E, se todos cumprirem suas obrigações, a convivência torna-se mais agradável.

É necessário que sejamos pontuais, pois há horários de entrada e de saída das aulas.

Quando chegamos à escola, ao entrar na sala de aula, devemos cumprimentar o professor e os colegas e também os demais funcionários da escola.

ATIVIDADES...

1. Observe as ilustrações e responda.

a)

- Quem o menino está cumprimentando?

____

- Você também cumprimenta seus professores?

____

____

____

b)

- Por que a menina está agradecendo a João?

____

____

- Você também agradece às pessoas quando elas lhe dão alguma coisa?

____

____

____

c)

- A menina quer entrar na sala de aula. O que ela está fazendo?

____

d)

- De quem os alunos estão se despedindo?

____
____
____
____

- Você também costuma se despedir dos colegas?

____
____
____

e) 

- O que os colegas de João estão fazendo?

____
____
____
____

- João é um menino educado. O que você acha que ele respondeu?

____
____
____
____

2. Escreva nos quadrinhos **C** para o que for certo e **E** para o que for errado.

a) Cumprimentar o professor. ☐
b) Gritar na classe. ☐
c) Chegar pontualmente às aulas. ☐
d) Jogar papel no chão. ☐
e) Ir sujo para a escola. ☐
f) Não faltar às aulas. ☐
g) Ser educado com os colegas. ☐
h) Realizar as atividades propostas. ☐

REFORÇO

8 O caminho para a escola

Geralmente, os alunos que moram perto da escola vão a pé. Aqueles que moram mais distante vão à escola de bicicleta, de carro, de ônibus, de metrô.

No trajeto para a escola os alunos passam por avenidas, viadutos, túneis, edifícios públicos, prédios grandes ou pequenos, praças, jardins, supermercados, bancos, hospitais etc.

Algumas escolas estão localizadas no campo, isto é, na zona rural.

Os alunos que moram no campo vão para a escola a cavalo, a pé, de charrete, de carroça ou de ônibus, de bicicleta, de trator, de jipe.

Nesse trajeto, eles veem pastos, chácaras, sítios, plantações, rios, animais etc.

ATIVIDADES...

1. Você mora longe ou perto da escola? Como você costuma ir para a escola?

2. Quanto tempo você leva da sua casa até a escola?

3. Você chega à escola sempre pelo mesmo caminho, ou faz caminhos diferentes?

4. Conte o que você vê no caminho da escola.

5. Você tem algum vizinho que também vai à escola junto com você?

6. De que modo os alunos da zona rural vão para a escola?

7. Desenhe você indo para a escola.

REFORÇO 9

Carnaval

RICARDO AZOURY/KEYDISC

Desfile de escola de samba no sambódromo do Rio de Janeiro, em 2006.

O Carnaval é uma festa popular comemorada no Brasil e em outros países, porém cada lugar festeja de maneira diferente.

O Carnaval tem duração de quatro dias e geralmente acontece no mês de fevereiro.

As músicas de Carnaval são o samba, o frevo, as marchinhas e o axé.

Nos clubes há bailes durante os dias de Carnaval, não somente para adultos, mas também para as crianças.

Os foliões se fantasiam e dançam, nas ruas e nos clubes. Nas ruas, há desfile de escolas de samba, trios elétricos e blocos.

O Carnaval brasileiro é considerado o mais animado do mundo.

ATIVIDADES...

1. Você gosta de brincar no Carnaval?

2. Você costuma se fantasiar no Carnaval? Com que fantasia?

3. O Carnaval na sua cidade é animado? Descreva-o nas linhas a seguir.

4. Faça um desenho ou recorte e cole figuras sobre o Carnaval.

REFORÇO 10

Dia Nacional do Livro Infantil

No dia 18 de abril comemoramos o Dia Nacional do Livro Infantil. Aproveitamos esse dia para homenagear um grande escritor brasileiro: Monteiro Lobato.

Nascido na cidade de Taubaté, no estado de São Paulo, em 18 de abril de 1882, ele escreveu vários livros para as crianças brasileiras.

Uma das suas obras mais interessantes é *Reinações de Narizinho*, cuja história se passa no Sítio do Picapau Amarelo.

Monteiro Lobato criou personagens famosos, como Narizinho, a boneca Emília, Pedrinho, Dona Benta, Tia Nastácia, Marquês de Rabicó, Visconde de Sabugosa.

Ele também escreveu muitos livros para adultos.

ATIVIDADES...

1. Você já leu algum livro de Monteiro Lobato? Qual? Você gostou?

2. Escreva o nome de alguns personagens do Sítio do Picapau Amarelo.

COR E IMAGEM

REFORÇO 11

Dia do Índio

JOGOS INDÍGENAS DO BRASIL

Crianças Kamaiurá no Xingu, MT.

No dia 19 de abril comemora-se o Dia do Índio.

Os indígenas foram os primeiros habitantes do Brasil. Atualmente vivem no Brasil quase 1 milhão de indígenas. Eles vivem em grupos. Cada grupo tinha um chefe, o cacique, e um chefe religioso e curandeiro, chamado pajé.

Moram em ocas, construções circulares feitas de madeira e fibras vegetais. Para se alimentar, os indígenas caçavam e pescavam e também colhiam raízes e frutas. As suas armas eram o arco, a flecha, o tacape e a zarabatana.

Os indígenas viviam nus; pintavam o corpo e enfeitavam-se com cocares de penas de aves e colares de dentes de animais.

Atualmente existem poucas tribos indígenas no Brasil. A Funai (Fundação Nacional do Índio) é uma organização do governo criada em 1967 para proteger e defender os direitos dos indígenas.

Saiba que

Várias palavras da língua portuguesa têm origem indígena: arara, peteca, paçoca, jabuti, jacaré, tamanduá, minhoca, capim, mingau, canjica, pipoca e muitas outras.

ATIVIDADES...

1. Em que data comemoramos o Dia do Índio?

2. Como se chamavam:

   a) A casa dos índios?
   b) Suas armas?
   c) O chefe da tribo?
   d) O curandeiro?

3. Do que os indígenas se alimentavam?

4. Como eles viviam? Usavam roupas?

5. Encontre no diagrama palavras relacionadas à cultura indígena.

O	M	P	H	I	J	L
C	A	C	I	Q	U	E
A	P	B	C	P	F	G
I	T	A	C	A	P	E
L	F	M	P	J	R	S
N	L	O	Q	É	T	U
V	E	X	A	R	C	O
D	C	F	G	C	B	Z
L	H	T	R	I	B	O
U	A	J	M	S	N	O

REFORÇO

12

Dia de Tiradentes

Joaquim José da Silva Xavier, o Tiradentes – apelido devido ao seu trabalho como dentista –, foi um brasileiro que lutou e morreu pelo processo de libertação do Brasil de Portugal.

Tiradentes e alguns companheiros organizaram um movimento em Minas Gerais, com a finalidade de separar o Brasil de Portugal e proclamar a república. Esse movimento viria a se chamar Inconfidência Mineira.

No entanto, o movimento fracassou, pois um dos inconfidentes denunciou os planos ao governo português. Todos os inconfidentes foram então presos, e Tiradentes foi condenado à morte.

Ele foi enforcado no dia 21 de abril de 1792, na cidade do Rio de Janeiro.

Muitos anos após sua morte, Tiradentes passou a ser considerado mártir da Independência.

ATIVIDADES...

1. Qual era o nome de Tiradentes?

2. Por que Tiradentes tinha esse apelido?

3. O que fizeram Tiradentes e alguns de seus companheiros?

4. Como se chamou o movimento organizado por eles?

5. O que aconteceu com esse movimento?

6. O que aconteceu a Tiradentes?

7. Que título Tiradentes recebeu anos após a sua morte?

REFORÇO 13

Dia da chegada dos portugueses ao Brasil

Desembarque de Pedro Álvares Cabral em Porto Seguro em 1500, de Oscar Pereira da Silva (1922).

Há mais de 500 anos, o rei de Portugal, D. Manuel, organizou uma esquadra, comandada por Pedro Álvares Cabral, a fim de descobrir um novo caminho marítimo para as Índias.

As embarcações comandadas por Cabral chamavam-se caravelas e eram movidas a vento.

Em meio à viagem, no dia 22 de abril de 1500, os portugueses avistaram um monte, nas terras do nosso atual Brasil. Recebeu o nome de Monte Pascoal, pois era época da Páscoa.

Quando desembarcaram, os portugueses puderam perceber que se tratava de uma terra coberta de florestas e povoada por povos indígenas.

Antes de receber seu atual nome, Brasil, nossa pátria teve os nomes de Ilha de Vera Cruz e Terra de Santa Cruz.

O atual nome se deve ao fato de que na época havia uma grande quantidade de uma madeira cor de brasa, chamada pau-brasil.

O Brasil, então, acabou se tornando colônia de Portugal até 1822.

ATIVIDADES...

1. Quem era o rei de Portugal na época da chegada dos portugueses ao Brasil?

2. A quem o rei de Portugal deu o comando da esquadra que deveria descobrir um novo caminho marítimo para as Índias?

3. Como se chamavam as embarcações da esquadra e como elas eram?

4. O que os portugueses avistaram no dia 22 de abril de 1500?

5. O que os portugueses puderam perceber da nova terra assim que chegaram?

6. Por que a nova terra recebeu o nome de Brasil?

REFORÇO 14

Dia do Trabalho

No dia 1º de maio comemoramos o Dia do Trabalho.

Todos nós temos necessidade de trabalhar. Trabalhando, seremos úteis a nós mesmos e à nossa comunidade.

Todo trabalho é importante e merece o nosso respeito, e todas as pessoas dependem do trabalho de outras para viver. Por exemplo, precisamos do trabalho dos professores, dos médicos, dos varredores de rua etc.

RSNAPSHOTPHOTOS

GERSON GERLOFF/PULSAR IMAGENS

DANIEL CYMBALISTA/PULSAR IMAGENS

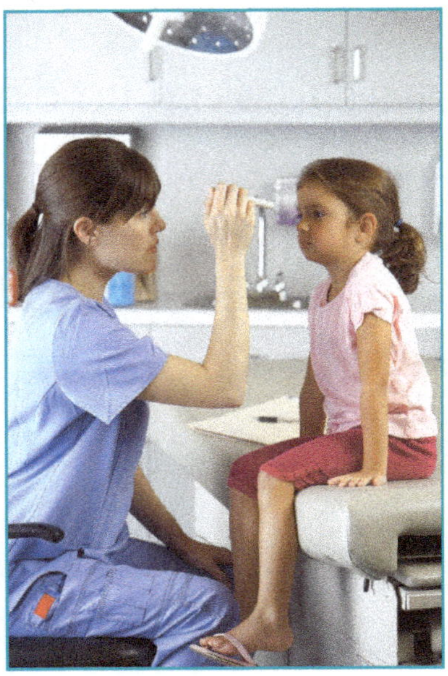
MONKEY BUSINESS IMAGES

CATALIN PETOLEA

ATIVIDADES...

1. Observe nas fotos alguns tipos de trabalho. Complete as frases com o nome da profissão de cada trabalhador.

ANNEKA

a) Quem cultiva a terra é o ______________.

LAMARINX

b) Quem faz móveis é o ______________.

DMITRY KALINOVSKY

c) O __________ constrói casas e prédios.

STOCKPHOTOSLV

d) O ________________ apaga incêndios, resgata acidentados etc.

DMITRY KALINOVSKY

e) Quem faz a coleta do lixo é o ________________.

RSNAPSHOTPHOTOS

f) A ________________ ensina aos alunos.

2. Escreva o nome de outros profissionais.

3. Qual é a profissão de seus pais?

REFORÇO 15

Dia das Mães

O Dia das Mães é comemorado no segundo domingo de maio. As mães têm um papel muito especial em todas as famílias. Elas cuidam, educam, dão carinho e amor aos filhos. Tem mãe que cuida sozinha dos filhos. Outras dividem a tarefa com o pai. Tem mãe que tem só um filho, outras têm dois, três, quatro e até mais.

O escritor Pedro Bandeira homenageou a mãe dele com um poema.

Uma palavrinha

Eu queria um verso lindo,
pra falar da minha mãe.
Alguém sabe uma palavra
que também termine em ãe?

Tem de ser uma palavra
toda feita de emoção,
muito cheia de carinho,
de ternura e de perdão.

Quem souber dessa palavra,
me responda por favor,
porque pra rimar com mãe
eu só tenho o meu amor...

Pedro Bandeira. *Mais respeito, eu sou criança*. 2. ed. São Paulo: Moderna, 2002.

COMSTOCK IMAGES/MARTINPLKANG/IMAGE SOURCE

ATIVIDADES...

1. Leia o poema de Pedro Bandeira. Qual é a palavra que ele tem para rimar com "mãe"?

2. Que outras palavras você poderia escolher para falar de sua mãe?

3. Desenhe sua mãe e escreva um poema para ela.

REFORÇO 16

Libertação dos escravos

A princesa Isabel com seu pai, o imperador D. Pedro II, em 1870.

No dia 13 de maio comemoramos a libertação dos escravos no Brasil.

Os negros eram trazidos da África para o Brasil a fim de trabalhar nas residências e na lavoura, como escravos. Eles trabalhavam muito; sua vida era extremamente difícil. Sofriam castigos e eram maltratados.

Muitos negros escravos tentavam reagir e lutavam pela abolição da escravidão.

Muitos brasileiros também começaram a trabalhar para conseguir a libertação dos escravos. Eles eram chamados abolicionistas.

No dia 13 de maio de 1888, a princesa Isabel, filha do imperador D. Pedro II, assinou a Lei Áurea, libertando assim todos os escravos do Brasil.

A cultura negra tem grande influência em nossos costumes, como na arte, música, culinária etc.

ATIVIDADES...

1. O que comemoramos no dia 13 de maio?

2. De onde eram trazidos os escravos?

3. Como os escravos eram tratados por seus senhores?

4. Como os escravos reagiam a esse tipo de vida?

5. O que fizeram muitos brasileiros para conseguir a libertação dos escravos?

6. O que foi a Lei Áurea, quando foi assinada e por quem?

7. Você conhece algumas comidas brasileiras que têm origem na culinária africana?

8. Pesquise e procure descobrir outras influências africanas na vida dos brasileiros.

9. Recorte imagens relacionadas com a influência africana na nossa cultura e cole-as no espaço a seguir.

REFORÇO 17

Festas juninas

RUBENS CHAVES/PULSAR IMAGENS

Festa junina no Parque do Povo, Campina Grande, PB.

No mês de junho são realizadas as festas juninas. São festas que acontecem em homenagem aos santos católicos: Santo Antônio, São João e São Pedro.

Nessas festividades, as pessoas vestem roupas típicas e dançam a quadrilha em pátios enfeitados com bandeirinhas coloridas. Há queima de fogos de artifício e fogueira, música, bebidas, comidas e doces típicos.

Ao final da festa, geralmente acontece o casamento caipira.

Nas festas juninas, todos devem ter cuidado e ficar longe da fogueira e fogos de artifício, de bombinhas etc.

Não se deve soltar balões, pois são perigosos e podem causar acidentes (incêndios).

ATIVIDADES...

1. Você já participou de alguma festa junina? Onde foi?

2. Quais são os pratos típicos de uma festa junina?

3. Por que, nas festas juninas, as pessoas devem tomar cuidado e ficar longe da fogueira, dos fogos de artifício e de bombinhas?

4. Por que não se deve soltar balões?

5. Pesquise as datas das festas de Santo Antônio, São João e São Pedro.

REFORÇO 18

Dia do Folclore

LIE KOBAYASHI

O Dia do Folclore é comemorado em 22 de agosto. Folclore é o conjunto de tradições de um povo. Fazem parte do folclore:

- as canções e as danças populares, as brincadeiras, as festas típicas;
- os provérbios, os contos, as adivinhações;
- as lendas e os mitos, como do saci-pererê, do lobisomem, do Negrinho do Pastoreio, do Boitatá, da Iara, do Caipora, da vitória-régia, da mandioca etc.

O saci-pererê é uma das figuras mais conhecidas do nosso folclore. É uma figura negra que tem uma perna só, usa um gorro vermelho e fuma cachimbo; não é maldoso, mas faz muitas traquinagens.

ATIVIDADES...

1. O que é folclore?

2. Dê o nome de duas lendas ou mitos que fazem parte do nosso folclore.

3. Escreva o nome de três festas típicas brasileiras, realizadas no mês de junho.

4. Assinale com um **x** as brincadeiras que fazem parte do folclore brasileiro.

- [ ] jogar amarelinha
- [ ] lobisomem
- [ ] pular corda
- [ ] mula sem cabeça
- [ ] empinar papagaio/pipa
- [ ] jogar pião

5. Pesquise alguma lenda brasileira e conte-a para o seu grupo. Depois, escreva-a.

REFORÇO 19

Dia dos Pais

O Dia dos Pais é comemorado no segundo domingo de agosto. Nesse dia bem especial, pais e filhos celebram a data juntos.

CATHY YEULETR/JUPITER IMAGES

STOCKBYTE

ATIVIDADES...

1. Escreva a respeito de seu pai.

   a) Como ele é?

   b) Vocês costumam sair juntos? Onde costumam ir?

   c) De que você mais gosta em seu pai?

2. Escreva um bilhete a seu pai dizendo o que sente por ele.

REFORÇO 20

Independência do Brasil

ACERVO DO MUSEU PAULISTA DA USP, SÃO PAULO

Independência ou morte!, de Pedro Américo (1888).

Viva a semana da Pátria!
Salve o povo brasileiro!
Viva a nossa Independência!
Salve D. Pedro I!

Logo depois que os portugueses chegaram à nossa terra, o Brasil tornou-se colônia de Portugal.

Por muito tempo, muitos brasileiros lutaram para que o Brasil fosse um país independente, sem obter êxito.

O rei de Portugal, D. João VI, morou durante muitos anos no Brasil. Quando retornou a Portugal, deixou como príncipe regente seu filho, D. Pedro.

No dia 7 de setembro de 1822, D. Pedro voltava de uma viagem quando, nas margens do riacho Ipiranga, em São Paulo, recebeu mensagens de Portugal que exigiam que ele partisse do Brasil.

Ao ler as mensagens, D. Pedro gritou aos seus soldados: "Independência ou morte!". Assim foi proclamada a Independência, e o Brasil se tornava um país livre.

O príncipe D. Pedro foi então coroado como primeiro imperador do Brasil, com o título de D. Pedro I.

ATIVIDADES...

1. Depois da chegada dos portugueses à nossa terra, o que aconteceu ao Brasil?

2. Ao retornar a Portugal, quem o rei D. João VI deixou como príncipe regente no Brasil?

3. Em que dia foi proclamada a Independência do Brasil?

4. Quem proclamou a Independência e em que lugar?

5. O que aconteceu ao Brasil a partir do dia 7 de setembro de 1822?

REFORÇO 21

Dia da Árvore

JOHN NIELSEN

No dia 21 de setembro comemoramos o Dia da Árvore.

As árvores são muito importantes para a nossa vida; elas fornecem sombra, frutas, flores e ajudam a purificar o ar. Além disso, obtém-se das árvores:

- frutos que servem de alimentos;
- madeira para a construção de casas, fabricação de móveis etc.;
- celulose para a fabricação de papel.

Nós devemos proteger as árvores. A derrubada sem controle já fez desaparecer muitas de suas espécies.

ATIVIDADES...

1. Em que data se comemora o Dia da Árvore?

2. O que as árvores nos fornecem?

3. Para que serve a madeira fornecida pelas árvores?

4. Qual material retirado das árvores é usado na fabricação de papel?

5. Faça um desenho sobre o Dia da Árvore e escreva uma legenda.

REFORÇO 22

Dia da Criança

No dia 12 de outubro comemora-se o Dia da Criança.

Nesse dia, as crianças das escolas participam de comemorações, excursões, festas, competições esportivas etc.

Toda criança tem direitos, e um dos mais importantes deles é ter uma infância feliz, com boa saúde, alimentação, moradia, estudo e tempo para brincar.

FUSE

ATIVIDADES...

1. Em que data comemoramos o Dia da Criança?

2. Na sua escola há comemorações nesse dia? Quais?

3. Quais são alguns dos direitos da criança?

4. Como vivem muitas crianças que não têm casa?

5. Por que algumas crianças não frequentam a escola?

6. Faça um desenho sobre o Dia da Criança e escreva uma legenda.

REFORÇO 23

Dia do Professor

PIXLAND/GETTYIMAGES

No dia 15 de outubro comemoramos o Dia do Professor.

O professor nos ensina a ler, a contar, a escrever, a ter disciplina, a conhecer o mundo em que vivemos.

O professor desempenha um papel muito importante para nós e para o futuro do nosso país.

ATIVIDADES...

1. Em que data se comemora o Dia do Professor?

2. O que o professor nos ensina?

3. Quem é seu professor? Descreva-o.

4. Você gosta de seu professor? Quais são as qualidades dele?

5. Você gosta das aulas do seu professor? Escreva por quê.

6. Faça um desenho e escreva uma frase sobre seu professor.

REFORÇO 24

Proclamação da República

PREFEITURA MUNICIPAL DE SÃO PAULO

Proclamação da República, de Benedito Calixto (1893).

No dia 15 de novembro comemora-se o Dia da Proclamação da República.

Após a proclamação da Independência, por D. Pedro, em 1822, o Brasil passou a ser governado por imperadores. Os brasileiros, então, começaram a fazer campanha pela república.

Na república quem governa é um presidente eleito pelo povo.

No dia 15 de novembro de 1889, o marechal Deodoro da Fonseca proclamou a república e se tornou o primeiro presidente da República do Brasil.

ATIVIDADES...

1. Em que data se comemora a Proclamação da República?

2. Depois da proclamação da Independência, em 1822, como o Brasil passou a ser governado?

3. Quem proclamou a república e quando?

4. Na república, quem governa o país?

5. Qual foi o primeiro presidente da República do Brasil?

6. Quem é o atual presidente da República?

7. Se você pudesse ter uma conversa com o atual presidente da República do Brasil, o que lhe diria?

REFORÇO 25

Dia da Bandeira

SELENSERGEN

No dia 19 de novembro comemoramos o Dia da Bandeira. A bandeira é um símbolo da pátria.

As cores da nossa bandeira são o verde, o amarelo, o azul e o branco. No globo há:

- as estrelas que representam o Distrito Federal e os estados do Brasil;
- uma faixa branca na qual está escrita a frase "Ordem e progresso".

A legenda "Ordem e progresso" foi criada por Benjamin Constant.

ATIVIDADES...

1. Em que data comemoramos o Dia da Bandeira?

2. Quais são as cores da nossa bandeira?

3. O que representam as estrelas que se encontram na nossa bandeira?

4. O que está escrito na faixa branca da bandeira?

5. Quem criou a legenda "Ordem e progresso"?

6. Faça no quadro abaixo o desenho da bandeira brasileira.

REFORÇO 26

Dia da Consciência Negra

O dia 20 de novembro é reservado ao Dia da Consciência Negra. É uma data para lembrar a luta dos homens, mulheres e crianças que foram trazidos à força da África para o Brasil e eram obrigados a trabalhar como escravos. Eles não tinham liberdade de ir e vir para qualquer lugar e trabalhavam sem receber nada em troca, o que significa escravidão.

Os africanos escravizados sempre lutaram por liberdade.

E o povo brasileiro tem na sua origem antepassados escravos. Por isso, é importante existir uma data especial para homenagear esse grupo.

MUSEUS CASTRO MAYA, RJ

Carregadores de café a caminho da cidade, de Jean-Baptiste Debret (1826).

Saiba que

Mesmo sofrendo castigos, os africanos nunca aceitaram a escravidão.

Muitos fugiam, outros procuravam preservar suas tradições, que também eram proibidas.

Quando um grupo conseguia fugir para áreas isoladas no meio das matas, formava um **quilombo**, palavra africana que significa união. O maior quilombo foi o de Palmares, que ficava no atual estado de Alagoas. Seu líder mais importante foi Zumbi. Ele foi morto em 20 de novembro de 1695, após defender o quilombo por muitos anos.

ATIVIDADES...

1. Por que existe o Dia da Consciência Negra?

2. O que é escravidão?

3. De onde vieram os escravos?

4. Complete as frases para ficarem corretas.

   a) Os africanos escravizados lutavam para ter ______.
   b) A palavra quilombo significa ______.
   c) ______ era o quilombo mais famoso.
   d) O líder mais importante dos quilombos foi ______.

Geografia

Sumário

REFORÇO 1

Comunidades maiores

O município

Os estados do Brasil estão divididos em **municípios**.

O município é uma parte do Estado.

Os municípios estão separados uns dos outros por rios, serras, plantações, propriedades ou marcos feitos pelo próprio homem.

A linha de separação entre os municípios chama-se **limite**.

Todo município é constituído por uma zona urbana e uma zona rural.

Zona urbana: onde ficam as cidades.

Zona rural: onde ficam os pastos, os sítios, as chácaras, as fazendas etc.

LALO DE ALMEIDA/FOLHA IMAGEM

Aspecto de zona urbana.

RICARDO AZOURY/KEYDISC

Aspecto de zona rural.

A cidade

A cidade é a sede do município.

Na cidade, há ruas, avenidas, viadutos, jardins, áreas de lazer, clubes de esportes etc.

Em todas as cidades, há uma parte mais movimentada. É o **centro da cidade**.

Mais afastados do centro da cidade, ficam os **bairros**.

Ainda mais afastados, ficam os **subúrbios**. É a zona **suburbana**.

Observe a imagem de uma parte da cidade.

DELFIM MARTINS/PULSAR IMAGENS

Vista aérea do município de Amparo, SP.

Os serviços públicos

Os serviços públicos facilitam a vida dos moradores de uma cidade. Eles são mantidos pela prefeitura da cidade, pelos governos estadual e federal, por meio de impostos pagos pelo povo.

São eles:

- a pavimentação das ruas;
- a limpeza e a coleta de lixo;
- os postos de saúde;
- as praças, os jardins, as bibliotecas;
- o corpo de bombeiros;
- as áreas de lazer etc.

Os serviços públicos também podem ser mantidos por taxas que pagamos pelo uso de energia elétrica, abastecimento de água e esgoto, rede telefônica etc.

ATIVIDADES...

1. Em que cidade você mora? É uma cidade grande, média ou pequena?

2. O que é município?

3. Quais são as zonas que formam os municípios?

4. O que fica na zona urbana?

5. O que fica na zona rural?

6. O que existe no centro da sua cidade?

7. Você gosta da sua cidade? Por quê?

8. O local onde você mora fica perto ou longe do centro da cidade?

9. A sua cidade é arborizada?

10. Dê o nome de cinco serviços públicos da sua cidade.

11. Quais são as vantagens e as desvantagens de morar na cidade? Consulte seus colegas e responda.

a) Vantagens:

b) Desvantagens:

12. Em grupo, faça um cartaz com fotos ou desenhos de alguns serviços públicos da sua cidade.

13. Em grupo, pesquise:

a) o significado do nome da sua cidade;
b) o nome do fundador da cidade;
c) a data de fundação;
d) se a cidade já teve outro nome e qual;
e) quais foram os primeiros moradores da cidade;
f) qual foi a primeira casa comercial, o primeiro cinema, a rua mais antiga;
g) monumentos e estátuas importantes.

Abaixo, escreva o resultado da pesquisa.

REFORÇO 2

O bairro

O bairro é uma parte da cidade.

Todo bairro tem um nome e uma história.

Nas cidades grandes, há muitos bairros.

Nos bairros, há casas, prédios de apartamentos, ruas, avenidas, jardins, praças, supermercados, lojas etc.

Diferentes tipos de bairros

Os bairros podem ser: **residenciais**, **industriais** e **comerciais**.

Bairro residencial

DELFIM MARTINS/PULSAR IMAGENS

Nos **bairros residenciais**, a maior parte das casas são residências e existe pouco comércio.

Geralmente, nos bairros residenciais há a Associação de Amigos do Bairro, destinada a resolver os problemas que existem.

Bairro industrial

MAURÍCIO SIMONETTI/PULSAR IMAGENS

Bairros industriais são aqueles em que há muitas indústrias.

Nesses bairros, há um movimento intenso de pessoas, operários que entram e saem das fábricas etc. Também há grande circulação de carros, caminhões e outros veículos. Para evitar a poluição nos bairros industriais, há leis que proíbem eliminar gases tóxicos para a atmosfera e o despejo de produtos tóxicos nas águas.

Bairro comercial

JUCA MARTINS/OLHAR IMAGEM

Bairros comerciais são aqueles em que há muitos estabelecimentos comerciais. Neles há muito trânsito e movimento de pessoas nas ruas.

ATIVIDADES...

1. Em que bairro você mora?

2. Ele fica longe ou perto do centro da cidade?

3. Qual é a condução que você toma para ir à cidade?

4. Escreva o nome de algumas coisas que há no seu bairro.

5. Que serviços públicos há no seu bairro?

6. O bairro em que você mora é residencial, comercial ou industrial?

7. Qual é a principal rua do seu bairro?

8. Dê o nome de um bairro vizinho ao seu.

9. Você gosta de morar no seu bairro? Por quê?

10. As ruas do seu bairro são asfaltadas? Nelas há árvores?

11. As construções do seu bairro são novas ou antigas?

12. Quais as coisas do seu bairro que você mais aprecia?

13. Em seu bairro há alguma Associação de Moradores? O que ela faz em benefício do bairro?

14. Você gostaria de morar em outro bairro? Por quê?

15. Em grupo, pesquise para saber:

- a origem do nome do bairro;
- se seu bairro foi sempre assim;
- quais foram os primeiros moradores do bairro;
- qual foi a primeira casa comercial;
- qual foi o primeiro cinema;
- qual é a rua mais antiga do bairro;
- o nome de algumas personagens homenageadas com monumentos e estátuas no bairro.

Escreva o resultado da pesquisa no caderno.

REFORÇO 3

A rua

As ruas fazem a ligação entre os lugares das cidades. Quase todas as ruas têm nome e suas casas, prédios, lojas têm número.

A rua é o meio de circulação dos veículos. Geralmente as ruas possuem calçadas, por onde andam as pessoas.

Cuidados na rua

Na rua, há muitos perigos: carros circulando, fios elétricos que podem se soltar, obras etc.

- Devemos tomar cuidado ao atravessar a rua.
- Só devemos atravessar na faixa de segurança e quando o sinal estiver aberto para nós.
- Se houver guarda de trânsito, devemos respeitá-lo. Ele trabalha para nos proteger.

Além disso, não devemos empinar pipas na rua: elas podem enroscar nos fios elétricos.

Quando houver obras na rua, devemos tomar cuidado com os buracos e outros perigos.

A limpeza das ruas

As ruas devem estar sempre limpas.

Nas ruas, normalmente, há lixeiras. É nelas que devemos jogar o lixo.

A rua é de todos, portanto, devemos cuidar dela.

ATIVIDADES...

1. Como se chama a rua onde você mora?

2. O que há na sua rua?

3. Você gosta da rua em que você mora?

4. O que você acha que falta na sua rua?

5. Quantas vezes por semana a coleta de lixo é realizada na sua rua?

6. Escreva o nome das ruas que formam o quarteirão onde você mora e use os símbolos para indicar o que há no quarteirão onde você mora.

□ sua casa ○ lojas △ árvores ☆ terrenos vazios

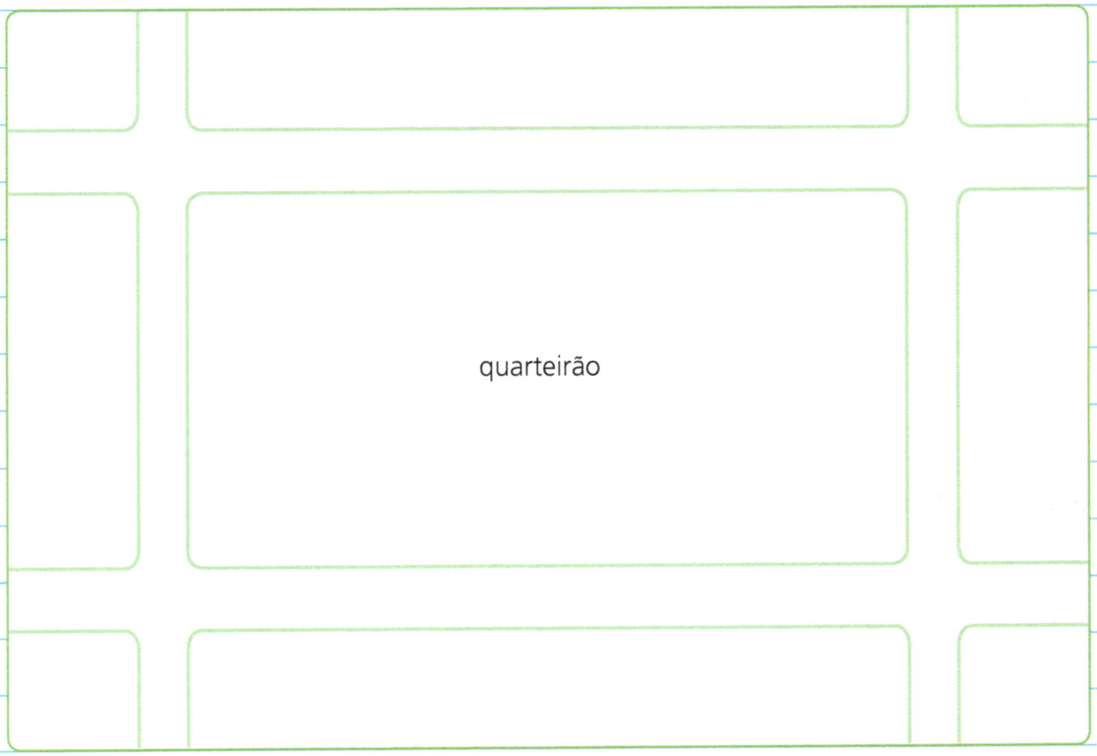

7. Faça uma pesquisa para saber:

- a origem do nome de sua rua;
- se essa rua sempre teve esse nome.

Escreva o resultado da pesquisa nas linhas abaixo.

REFORÇO 4

O município e seu governo

GERSON GERLOFF/PULSAR IMAGENS

Quem governa o município é o **prefeito**.

Na ausência do prefeito, governa o vice-prefeito.

O prefeito é auxiliado pelos secretários que são responsáveis por cuidar de vários serviços públicos, como educação, saúde, transporte e outros.

Os vereadores compõem a Câmara Municipal.

O prefeito, o vice-prefeito e os vereadores são eleitos pelo povo, por meio de voto secreto. As pessoas que votam são chamadas eleitores.

Saiba que

As eleições para prefeitura e vereadores ocorrem a cada quatro anos e os prefeitos podem ser reeleitos por mais quatro anos.

No município há também os vereadores, que elaboram leis que governam os municípios.

ATIVIDADES...

1. Quem governa o município?

2. Na ausência do prefeito, quem governa?

3. Quem auxilia o prefeito a governar o município?

4. Quem organiza as leis municipais que governam o município?

5. Quem elege o prefeito, o vice-prefeito e os vereadores?

6. Como eles são escolhidos?

7. Como é chamada a pessoa que vota?

8. Quais são as outras autoridades do município?

9. Qual é o nome do prefeito da sua cidade?

10. Dê o nome de um vereador de sua cidade.

11. Complete e preencha com a resposta o diagrama.

1. Quem governa o município é o _______________.
2. Quem substitui o prefeito é o _______________.
3. Quem faz as leis do município são os _______________.
4. Os vereadores compõem a _______________.
5. Quem vota nas eleições são os _______________.

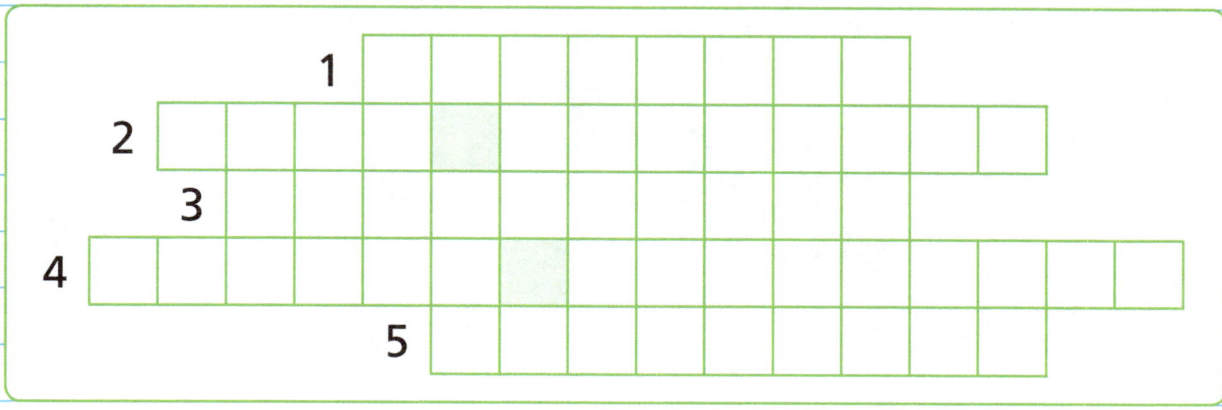

12. Pesquise os endereços da Prefeitura Municipal e da Câmara Municipal de sua cidade.

13. Com a ajuda do professor, façam uma eleição na classe para eleger um prefeito. Quem quiser poderá se candidatar ao cargo, mas, para isso, deverá dizer aos colegas o que fará para melhorar a cidade.

REFORÇO 5

Outro tipo de comunidade: o campo

DELFIM MARTINS

As pessoas também podem viver no campo, isto é, na **zona rural**.

Na zona rural, ficam as fazendas, os sítios, as chácaras, as granjas etc.

Geralmente, as casas, na zona rural, são simples. Algumas não têm esgoto nem iluminação elétrica.

Atividades dos moradores da zona rural

Os moradores da zona rural podem se dedicar ao cultivo da terra e à criação de animais.

O trabalho de preparar a terra, plantar, cuidar da plantação e colher é chamado agricultura.

Quem trabalha na agricultura é chamado de agricultor ou lavrador.

Os donos das terras são chamados fazendeiros ou proprietários rurais.

LUCIANA WHITAKER/PULSAR IMAGENS

Há pessoas que se dedicam à criação de animais.

A criação de animais, como bois, cavalos, porcos, aves (galinhas, patos, perus) etc. também é um trabalho feito na zona rural.

No caso da criação de gado, o dono dos animais é chamado pecuarista. Aquele que trabalha com os animais é o peão, boiadeiro ou retireiro.

A criação de aves é chamada avicultura.

VINICIUS ROMANINI

Boiadeiro cuida do gado no pasto.

R. IAN LLOYD/MASTERFILE

Trabalhador na avicultura recolhendo ovos.

As indústrias na zona rural

Atualmente muitas indústrias destinadas à fabricação de produtos de origem rural estão instaladas no campo, como é o caso de abatedouros de gado e aves, produtores de suco de laranja e produtores de açúcar e álcool obtido da cana-de-açúcar.

DELFIM MARTINS/PULSAR IMAGENS

Indústria de suco de laranja, Matão, SP.

Importância do trabalho no campo

O campo oferece muitos produtos aos moradores das cidades.

frutas

verduras e legumes

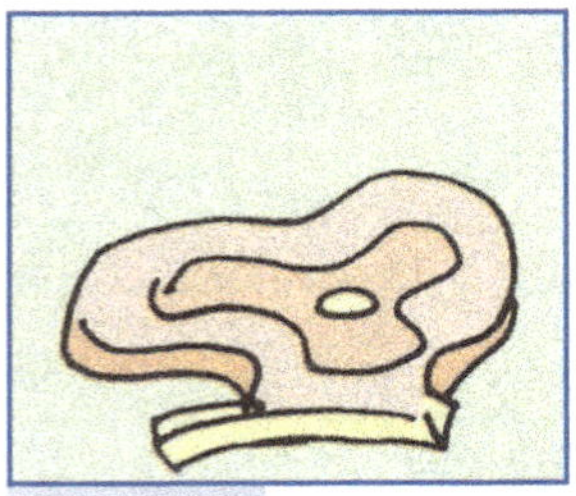
carnes

leite

ovos

aves

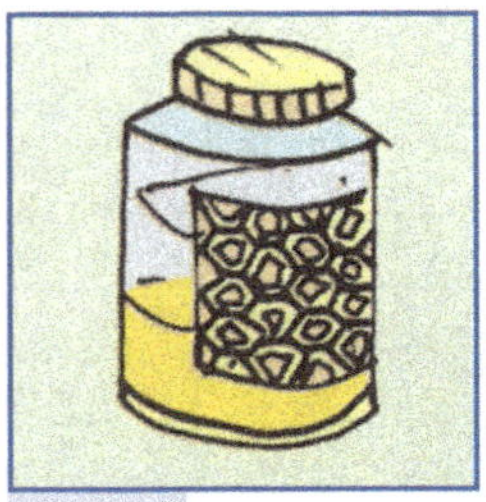
mel

flores

ATIVIDADES...

1. Observe os desenhos. Eles representam os agricultores realizando seu trabalho.

JOSÉ LUIS JUHAS

a) O que faz o agricultor?

____

b) Por que você acha que é preciso capinar as plantações?

____

JOSÉ LUIS JUHAS

a) O que faz o agricultor?

____

b) Quem o ajuda?

____

c) Com que instrumento ele abre os sulcos (buracos) na terra?

____

JOSÉ LUIS JUHAS

a) O que faz o agricultor?

____

b) O que nasce das sementes?

____

c) Sementes de que planta você acha que ele está jogando na terra?

____

2. Faça um desenho que represente pessoas cuidando de animais.

3. De que você mais gosta: de plantas ou de animais?

4. Você já criou algum animal? Qual?

5. Você já plantou alguma coisa? O quê?

6. Qual é a zona onde ficam as fazendas, os sítios, as chácaras, as granjas?

7. Você já esteve numa fazenda ou num sítio? Conte o que viu lá.

8. Que produtos obtemos:

a) do boi: .

b) da vaca: .

c) da abelha: .

REFORÇO 6

O trabalho e a comunidade

Cada pessoa realiza determinado trabalho.

O trabalho contribui para o progresso da comunidade. Por isso, todo trabalho é importante.

Os diferentes tipos de trabalho são chamados de **profissões**. As pessoas que os realizam são chamadas **profissionais**.

Nas comunidades, há grande número de profissionais, com diferentes profissões.

a médica

o mecânico

a professora

o pintor

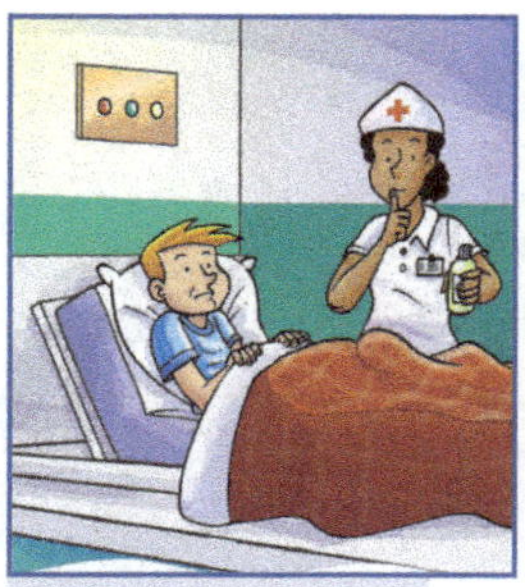
a enfermeira

o lojista

o motorista

o guarda de trânsito

o bombeiro

o padeiro

o carteiro

o sapateiro

ILUSTRAÇÕES DE JOSÉ LUIS JUHAS

Além desses profissionais, há o veterinário, o engenheiro, o farmacêutico, o carpinteiro, o comerciante, o bancário, o açougueiro e outros.

A criança não pode trabalhar. Ela deve apenas estudar, cuidar de seus deveres escolares e ajudar os pais em algumas tarefas.

ATIVIDADES...

1. Escreva os nomes dos profissionais que aparecem em cada imagem.

ILUSTRAÇÕES DE JOSÉ LUIS JUHAS

1

2

3

4

5

6

7

1

2

3

4

5

6

7

2. Observe as ilustrações e responda.

LUCARELLI TEMISTOCLE

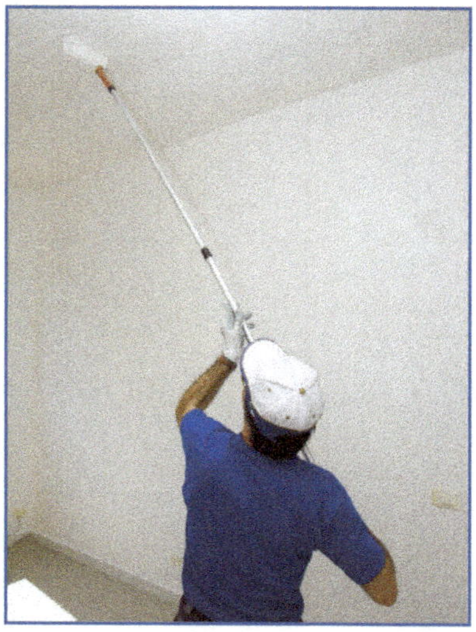

a) O que este homem está fazendo?

____

b) Qual é a sua profissão?

____

c) Qual é o seu instrumento de trabalho?

____

LUCARELLI TEMISTOCLE

a) Onde este homem trabalha?

____

b) O que ele faz?

____

c) Qual é a sua profissão?

____

THINKSTOCK

a) Qual é a profissão deste homem?

____

b) O que ele está fazendo?

____

CANDYBOX IMAGES

a) O que esta mulher está fazendo?

____

b) Qual é a sua profissão?

____

STOCKPHOTOSLV

a) Qual profissão exerce esta pessoa?

____

b) Em que consiste o seu trabalho?

____

____

3. Resolva a cruzadinha.

1. Ensina os alunos.
2. Faz pão.
3. Trabalha no açougue.
4. Dirige ônibus e carros.
5. Trata da saúde dos animais.
6. Entrega correspondências.
7. Recolhe o lixo.
8. Conserta carros.

					1			O						
						2		P						
	3							E						
			4					R						
5								Á						
					6			R						
			7					I						
8								O						

REFORÇO 7

Etapas do trabalho

A fabricação de um produto depende do trabalho de várias pessoas, que colaboram umas com as outras. Depois de pronto, o produto é vendido. Observe as várias etapas do cultivo do trigo desde a plantação até o resultado final.

- Após arar a terra, o agricultor semeia o trigo. Depois, cuida da plantação e, ao fim de certo tempo, faz a colheita.
- As sementes colhidas são transportadas de caminhão, pelo motorista, para o moinho.

o agricultor

JOSÉ LUIS JUHAS

o motorista

- No moinho, o trigo é moído e transformado em farinha pelas máquinas acionadas pelos operários.

- A farinha é levada para as padarias, e o padeiro a usa para fabricar pães, roscas, biscoitos, doces etc.

os operários

JOSÉ LUIS JUHAS

o padeiro

- Na pastelaria, o pasteleiro usa a farinha para fazer pastéis.

- Nas confeitarias e padarias, o balconista vende os pães, doces, biscoitos, salgados etc.

o pasteleiro

JOSÉ LUIS JUHAS

o balconista

ATIVIDADES...

1. Do que depende a fabricação de um produto?

2. O que faz o agricultor?

3. Depois de colhidas as sementes, o que acontece?

4. O que fazem os operários do moinho?

5. O que faz o padeiro com a farinha de trigo?

6. O que faz o pasteleiro com a farinha de trigo?

7. Faça um desenho mostrando as etapas de fabricação de um produto até chegar aos lugares onde ele é vendido.

REFORÇO

8 O trabalho na indústria

Muitas coisas que comemos e usamos são fabricadas nas **indústrias** ou **fábricas**.

São os **produtos industrializados**.

Para fabricar esses produtos, é necessário a **matéria-prima**.

Matéria-prima é o material usado para fabricar alguma coisa.

Observe os exemplos.

DELFIM MARTINS/PULSAR IMAGENS

algodão

PHOTOS.COM

fios

JUPITER IMAGES

tecidos

PHOTOS.COM

roupas

DELFIM MARTINS/PULSAR IMAGENS

cana-de-açúcar

LAURENI FOCHETTO

açúcar

ABLESTOCK

doces

MARCOS PERON/KINO

etanol

Saiba que

O dono da indústria chama-se **industrial**.
As pessoas que trabalham nas indústrias são **operários** ou **industriários**.

ATIVIDADES...

1. Relacione os produtos às matérias-primas com as quais eles são fabricados.

a) açúcar ☐ madeira
b) joias ☐ trigo
c) bolachas ☐ cana
d) chocolate ☐ cacau
e) móveis ☐ ouro

2. Quais são os produtos que podem ser fabricados com as seguintes matérias-primas?

a) JUPITER IMAGES

uva
____
____

b) PHOTOS.COM

madeira
____
____

c) ABLESTOCK

milho
____
____

d) LIQUID LIBRARY

carne
____
____

e) LAURENI FOCHETTO

leite
____
____

REFORÇO 9

O trabalho no comércio

Comércio é a compra, venda ou troca de produtos.

Casa comercial é o lugar onde se compram e se vendem produtos.

O dono da casa comercial é o **comerciante**.

As pessoas que trabalham nas casas comerciais são os **comerciários**.

Os produtos vendidos nas casas comerciais podem vir das indústrias ou do campo.

Consumidores são as pessoas que compram os produtos.

ATIVIDADES...

1. Faça uma relação do que você pode comprar:

- numa feira:

- num supermercado:

2. Observe as imagens e escreva o que se compra em cada lugar.

IKONOKLAST FOTOGRAFIE

Na padaria:

___

___

___

CATHERINE YEULET

Na floricultura:

___

___

___

CREATAS IMAGES

Na livraria:

___

___

___

BALONCICI

No açougue:

___

___

___

GPOINTSTUDIO

Na quitanda:

___

___

___

JUPITERIMAGES

Na farmácia:

___

___

___

3. Observe o desenho abaixo e responda.

a) Em que lugar as pessoas estão fazendo compras?

b) O que você acha que há no carrinho da mulher que está bem na frente?

c) O que a mulher do fundo está comprando?

d) O que a menina está fazendo?

e) O que ela tem nas mãos?

f) Para que serve o dinheiro?

4. Observe as imagens e escreva abaixo de cada uma o nome de quem faz, o local onde se faz e o local onde se vende o produto.

a) As roupas dos homens.

____

____

____

RTIMAGES/DMITRY KALINOVSKY/HXDBZXY

b) As roupas das mulheres.

____

____

____

JUPITERIMAGES/ BIKERIDERLONDON/ ARIADNA DE RAADT

Saiba que

Quem defende os consumidores

Todas as pessoas que compram mercadorias ou se utilizam de serviços de outras pessoas (eletricistas, pedreiros, pintores etc.) têm os seus direitos garantidos pelo Código de Defesa do Consumidor. Ele protege o consumidor principalmente contra a propaganda enganosa.

Como pagamos nossas compras

A unidade da moeda brasileira é o real.
No comércio, além de pagar as coisas com notas (cédulas) e moedas, podemos também fazer os pagamentos com cheque, cartão bancário ou cartão de crédito.

ATIVIDADES...

1. Como se chama a lei que protege os consumidores?

2. Como você e seus pais costumam pagar as compras?

REFORÇO

10 Meios de transporte

DELFIM MARTINS

DELFIM MARTINS

Para trabalhar, estudar, passear e se locomover, as pessoas da comunidade usam os meios de transporte.

Eles são usados também para levar os produtos de um lugar para outro, contribuindo para o progresso das regiões.

Os meios de transporte podem ser:

- **terrestres**: aqueles que se movimentam por terra. São: a carroça, a charrete, a bicicleta, a motocicleta, o automóvel, o ônibus, o caminhão, o jipe, o trem e o metrô;
- **aéreos**: aqueles que se movimentam pelo ar. São: o avião e o helicóptero;
- **marítimos, aquáticos e fluviais**: aqueles que se movimentam pela água. São: a jangada, o barco, a lancha, a canoa, o iate, a balsa e os navios.

Quem mora na zona rural usa, para transporte, cavalos, mulas, bois, carroças, charretes, tratores, caminhões, jipes, caminhonetes.

ATIVIDADES...

1. Dê o nome dos meios de transporte que você vê na ilustração.

2. Quais são os meios de transporte usados:

a) nas águas dos mares e rios?

b) no ar?

3. Quais são os meios de transporte usados no campo?

4. Nos quadrinhos, escreva **V** se for verdadeiro e **F** se for falso.

a) O avião é um meio de transporte aéreo. ☐
b) O trem é o meio de transporte mais rápido. ☐
c) Viajamos pelos rios e mares em barcos ou navios. ☐
d) Os ônibus, os trens e o metrô são meios de transporte coletivos. ☐

5. Faça a correspondência entre o meio de transporte e quem o dirige.

a) maquinista	☐	navio
b) piloto	☐	motocicleta
c) comandante	☐	bicicleta
d) motorista	☐	trem
e) ciclista	☐	avião
f) motociclista	☐	ônibus, carros

6. Faça a correspondência.

avião	terra
navio	ar
automóvel	água

7. Observe os desenhos e complete as frases.

a) Hoje viajamos por  de  ou de  .

b) Também viajamos por terra de  ou de  .

c) Viajamos de  pelas águas e por ar de  .

8. Qual é o meio de transporte mais rápido e mais caro?

9. Quais são os meios de transporte que poluem o ar?

10. Quais são os meios de transporte coletivos (que transportam muitas pessoas)?

11. Você gosta de viajar? Qual é o meio de transporte que você usa para viajar?

12. Procure saber com uma pessoa bem mais velha e responda:

- quais os meios de transporte usados quando ela era criança;

- se as estradas nessa época eram asfaltadas;

- se havia movimento no trânsito da cidade e das estradas.

13. Em grupo, faça um mural sobre os meios de transporte. Use fotos, desenhos, recortes de jornais e revistas etc. Não se esqueça das legendas!

REFORÇO 11

O trânsito

GERSON GERLOFF

Trânsito é o movimento de pessoas e de veículos nas ruas, avenidas e estradas. Por essas vias, passam carros, caminhões, ônibus, bicicletas, motocicletas, jipes etc.

Para organizar o trânsito há:

- **as faixas de segurança** - são as listras brancas pintadas no chão das ruas e das estradas.
- **o guarda de trânsito** - ele orienta os pedestres e os veículos.
- **os policiais rodoviários** - orientam o trânsito na estrada.
- **os sinais de trânsito** - servem para orientar as pessoas e os veículos. Há o semáforo (chamado também de sinaleiro ou farol) e as placas.

O semáforo e suas cores

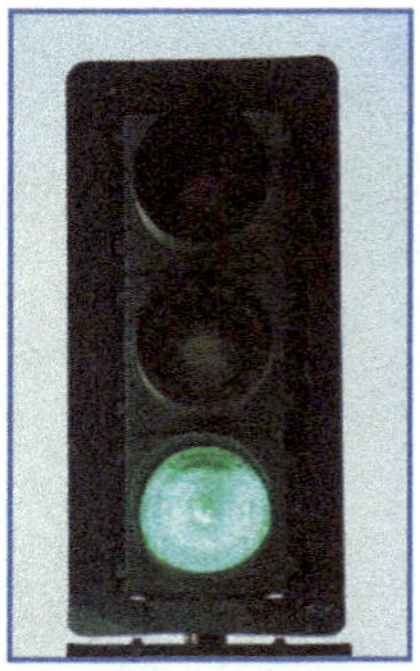
JUPITER IMAGES

Verde

Sinal aberto

Pode passar!

ABLESTOCK

Amarelo

Atenção!

Espere!

PHOTOS.COM

Vermelho

Perigo!

Pare!

As placas de trânsito

REPRODUÇÃO

Estacionamento regulamentado

REPRODUÇÃO

Proibido estacionar

REPRODUÇÃO

Parada obrigatória

REPRODUÇÃO

Proibido trânsito de bicicletas

REPRODUÇÃO

Área escolar

REPRODUÇÃO

Velocidade máxima permitida

Cuidados com o trânsito

Você deve:

- olhar para a direita e para a esquerda antes de atravessar a rua;
- atravessar a rua quando o sinal estiver aberto para você e sempre pela faixa de segurança;
- observar a orientação do guarda de trânsito.

Você nunca deve:

- sair do ônibus e atravessar a rua na frente dele;
- sair correndo na rua atrás de uma bola;
- brincar no meio da rua.

ATIVIDADES...

1. Observe a ilustração e responda às perguntas.

a) Quem você acha que está atravessando a rua?

b) Quem está orientando o trânsito?

c) Por onde as crianças estão atravessando?

d) Qual sinal está marcado no semáforo?

e) O que significa esse sinal?

f) Você respeita os sinais de trânsito?

2. Para que serve a faixa de segurança?

3. Qual é o trabalho do guarda de trânsito?

4. Observe a ilustração e responda.

a) O que o guarda está fazendo?

b) Por que ele está fazendo isso?

REFORÇO 12

Meios de comunicação

DARRIN HENRY/ALLEN SIMON/ANDREY POPOV

Observe as imagens. Em cada uma delas está havendo uma forma de comunicação. A jovem está no computador conectada a uma rede social. O rapaz fala ao telefone e a família assiste à televisão. Todos os exemplos citados são meios de comunicação.

Há várias formas de comunicação:

- Comunicação falada: é feita por rádio, telefone etc., e pela conversa direta.
- Comunicação escrita: é feita por jornal, carta, telegrama, fax, *e-mail*, "torpedo" de celular, revista, livro etc.
- Comunicação falada e visual: feita pelo cinema, pela televisão, pelo teatro, pela internet etc.
- Comunicação por meio de gestos e sinais: feita pelos deficientes auditivos (surdos).

Atualmente existe a internet, um meio de comunicação moderno. Por ela, as pessoas se comunicam por meio de *e-mails*, *blogs*, *chats*, redes sociais etc.

Pela internet, as pessoas podem fazer compras, pagamentos, comunicar-se com outras pessoas, fazer pesquisas, assistir vídeos, jogar games etc.

Saiba que

Em 1837, o telégrafo passou a ser o primeiro meio de comunicação comercial rápida entre lugares distantes. A comunicação é feita por impulsos eletromagnéticos que o operador faz no aparelho, o chamado código Morse. A sequência de impulsos e o intervalo entre eles representam letras e outros caracteres, permitindo que o receptor da mensagem possa decodificá-la e, em seguida, encaminhar para o destinatário.

ATIVIDADES...

1. Você gosta de ver televisão? Quando: de manhã, à tarde ou à noite? Qual é o seu programa favorito?

2. Você gosta de ler? Que livro você mais gostou de ler e por quê?

3. Você usa o computador? Para quê?

4. Que revista você gosta de ler? Por quê?

5. Quais os meios de comunicação que você usa para se comunicar com seus colegas?

6. Qual programa você gosta de ouvir pelo rádio? Por quê?

7. Você e seus familiares usam a internet? Para quê?

8. Quando precisamos enviar mensagens escritas urgentes, mandamos um telegrama. Ele pode ser enviado por meio da agência de correios ou pela internet. No telegrama, usamos poucas palavras, porque é destinado a mensagens curtas e urgentes.
Observe o telegrama a seguir.

> Ronaldo
> Chegarei dia 15.
> Espere rodoviária 21 horas.
> Luís

Agora, escreva, nas linhas abaixo, um telegrama felicitando um colega pelo aniversário.

Carta

Observe o que se deve saber sobre uma carta.

A carta deve ir dentro de um envelope.

Na frente do envelope, deve haver o nome do destinatário (a pessoa a quem escrevemos a carta), o endereço e o CEP (Código de Endereçamento Postal).

No verso, deve haver o nome do remetente (a pessoa que está mandando a carta) e o endereço. Toda carta deve ser selada.

Saiba que

E-mail

O *e-mail* é uma mensagem que se manda pelo computador, por meio da internet.

Para receber um *e-mail*, a pessoa precisa também estar conectada à internet.

A pessoa que envia e a pessoa que recebe precisam ter um **endereço eletrônico**.

Geralmente o endereço eletrônico tem o símbolo @. Esse símbolo quer dizer arroba e foi usado porque em nenhuma língua se escreve nomes de pessoas com ele.

ATIVIDADES...

1. Procure saber:

a) qual é a companhia telefônica que serve a sua cidade;

b) existe internet na sua cidade?

2. Converse com uma pessoa bem mais velha e procure saber quais os meios de comunicação que havia na época em que ela era criança.

3. Escreva um *e-mail* para um colega, colocando o endereço eletrônico dele e o seu.

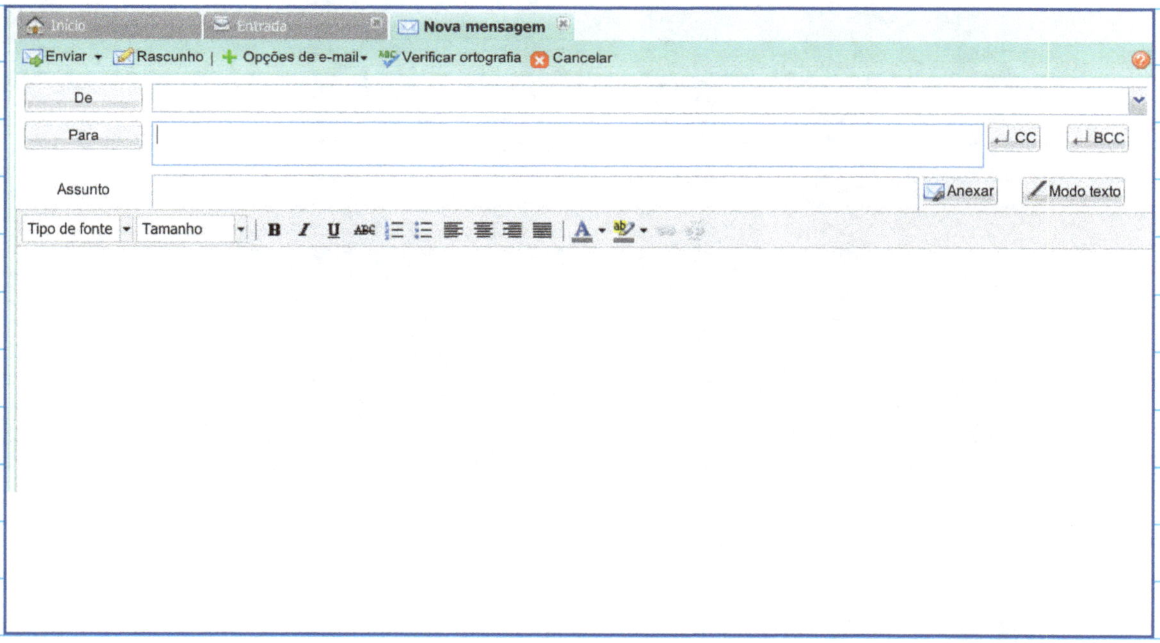

4. Em grupo, faça um mural usando desenhos ou fotos sobre os meios de comunicação. Não se esqueça de fazer as legendas.

REFORÇO 13

Observando a paisagem

Relevo

Ao irmos para a escola ou ao fazermos um passeio, passamos por lugares diferentes: uns muito planos, outros ondulados, alguns baixos e outros até muito altos.

A essa diferença dos terrenos damos o nome de **relevo**.

REBECCA J. LANSDOWN

As principais formas de relevo são:

Planície: um terreno plano, às vezes, com pequenas elevações.

Planalto: um terreno plano mais elevado.

Morro ou colina: uma pequena elevação de terra, menor que o monte ou a montanha.

Montanha: uma grande elevação de terra. Um conjunto de montanhas chama-se **serra**.

Monte: uma elevação de terra menor que a montanha.

Vale: uma região plana, situada entre duas montanhas.

Cabo: uma ponta de terra que entra pelo mar.

Ilha: uma porção de terra, cercada de água por todos os lados.

ATIVIDADES...

1. Complete com a palavra adequada.

a) Sua escola localiza-se em um lugar ______________________.
(plano – elevado)

b) Sua casa localiza-se em um lugar ______________________.
(alto – baixo)

c) Ao passearmos, passamos por lugares ______________________.
(iguais – diferentes)

2. O que é planalto?

3. Que nome damos ao terreno plano que, às vezes, apresenta pequenas elevações?

4. O que é ilha?

5. Complete os quadradinhos.

1. Grande elevação de terra.
2. Conjunto de montanhas.
3. Pequena elevação de terra.
4. Nome dado às diferentes formas do terreno.
5. Espaço entre duas montanhas.
6. Elevação de terra menor que a montanha.
7. Ponta de terra que entra pelo mar.

1								
2								
3								
4								
5								
6								
7								

6. Desenhe uma paisagem com várias formas de relevo (montanhas, planalto, planície etc.).

REFORÇO 14

As águas: os oceanos, os mares, os rios...

A maior parte da superfície da Terra é coberta pelas águas, e a maior parte das águas é salgada.

A grande extensão de água salgada forma os **oceanos** e **mares**.

Mar é uma parte do oceano que fica em contato com a terra.

A faixa de terra banhada pelo mar chama-se **litoral**.

No litoral, ficam as **praias**.

RICARDO DE MATTOS

Rio é um curso de água natural.

Os riachos e córregos são estreitos e mais rasos que os rios.

Os rios são mais largos e fundos.

Observe a imagem de um rio.

O lugar onde o rio nasce chama-se **nascente**.

MAURÍCIO SIMONETTI/PULSAR IMAGENS

O lugar onde o rio corre chama-se **leito**.

O lugar onde o rio despeja suas águas chama-se **foz**.

Os lados dos rios chamam-se **margens**.

Afluente é o rio que despeja suas águas em outro rio.

Lago é uma extensão de água rodeada de terra. Os lagos podem ser doces ou salgados.

A importância dos rios

Os rios são importantes porque:

- fornecem água para as cidades;
- fornecem peixe, que é um ótimo alimento;
- com suas águas, irrigam as plantações;
- servem para a navegação.

Há rios que apresentam quedas-d'água ou cachoeiras, nas quais podem ser instaladas usinas que produzem energia elétrica.

Saiba que

A água dos rios recebe um tratamento especial antes de abastecer as cidades.

Deve-se evitar jogar lixo ou outros materiais nas águas de um rio.

As águas poluídas, isto é, sujas, transmitem doenças e matam os peixes.

ATIVIDADES...

1. O que é rio?

2. Como são os córregos e riachos?

3. O que é lago?

4. Por que os rios são importantes?

5. Para que podem ser aproveitadas as quedas-d'água e cachoeiras dos rios?

6. Se no lugar onde você mora existir um rio, responda.

   a) Qual é o nome do rio?

   b) Onde ele se localiza (longe ou perto da sua casa)?

   c) Esse rio costuma inundar e invadir as casas que ficam perto dele?

   d) Você costuma nadar ou pescar nesse rio?

   e) Esse rio está poluído?

7. Assinale **sim** ou **não**.

A maior parte da superfície da Terra é coberta de água.

☐ sim ☐ não

A água dos rios é salgada.

☐ sim ☐ não

Os lados dos rios chamam-se margens.

☐ sim ☐ não

O lugar onde o rio corre chama-se afluente.

☐ sim ☐ não

8. Resolva a cruzadinha.

1. Lados dos rios.
2. Lugar por onde o rio corre.
3. Lugar onde o rio despeja suas águas.
4. Lugar onde o rio nasce.

1			R					
2			I					
	3		O					
4			S					

9. Faça o desenho de uma paisagem com rios, montanhas, montes, árvores etc.

Ciências

Sumário

REFORÇO 1

O ambiente

A natureza

A natureza é formada por seres vivos e elementos não vivos.

Tanto os seres vivos quanto os elementos não vivos podem ser usados pelos seres humanos para sua sobrevivência, para a produção de energia elétrica, como combustível, construção de cidades, moradias, veículos, roupas e todas as necessidades humanas.

Assim, tudo o que encontramos na natureza pode ser usado como recurso natural.

Recurso natural é, portanto, tudo o que o ser humano retira da natureza para viver e produzir outros materiais.

São recursos naturais: o Sol, o ar, o solo e subsolo, a água, a vegetação, os minerais, os animais.

PAUL ORR

O Sol:

- nos fornece sua luz.
- faz brotar as plantas e amadurecer os frutos.
- fornece a energia usada para aquecer a água nas casas, nos hospitais etc.

MAGMOS

O solo:

- dele retiramos matérias para construir nossas casas e muitas outras coisas.
- é utilizado para nossas plantações e para a criação de animais.

WHITEISTHECOLOR

O ar:

- é necessário para os animais e as plantas, que dele retiram o oxigênio para viver.

MAREK POPLAWSKI

A água:

- é necessária para a vida dos animais, das plantas e de outros seres vivos.

AND INC

A vegetação natural:

- é fonte de alimentos.
- é fonte de fibras, tintas, óleos e outros produtos.

DIANA AMSTER

Os animais:

- peixes, aves, gado nos fornecem alimento.

SERHIY ZAVALNYUK

Os minerais:

- são retirados do solo ou do subsolo, como o ouro, a prata, o ferro, o manganês etc.

Saiba que

Os recursos naturais devem ser usados de maneira planejada e consciente para que não acabem.

A natureza é modificada pelo ser humano

O ser humano modifica o ambiente constantemente para adaptá-lo à vida em sociedade.

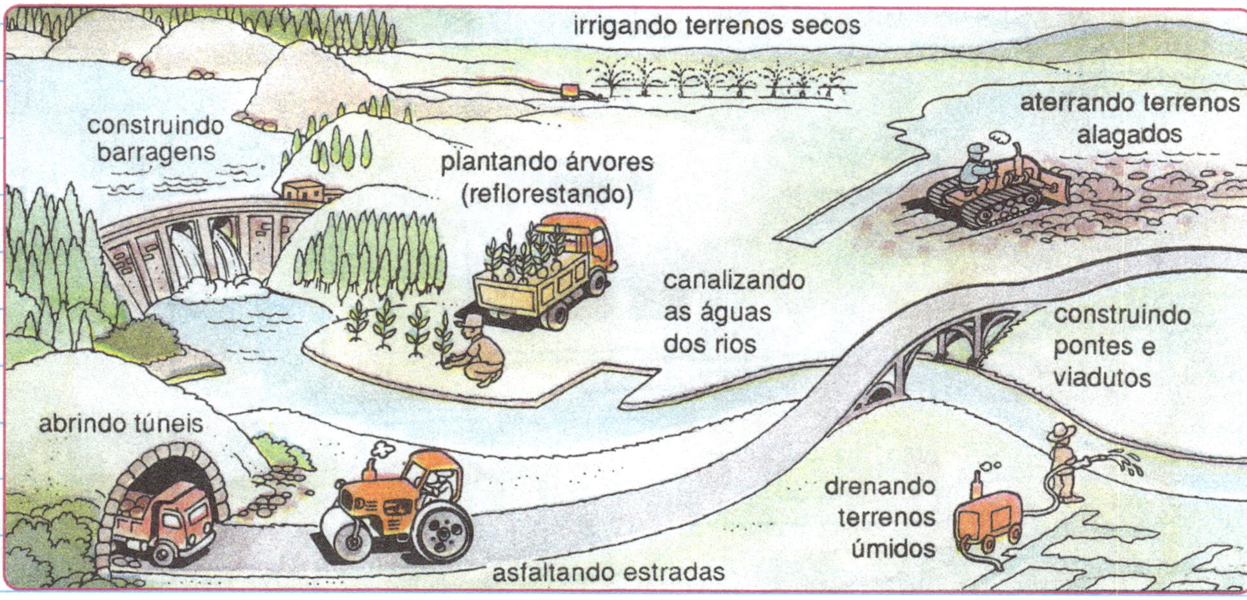

Veja como os seres humanos modificam o ambiente:

- construindo barragens para usinas hidrelétricas;
- irrigando terrenos secos;
- aterrando terrenos alagados;
- drenando terrenos úmidos;
- plantando árvores (reflorestando);
- canalizando as águas dos rios;
- construindo pontes e viadutos;
- abrindo túneis;
- asfaltando estradas.

Ao modificar o ambiente para facilitar a vida, as pessoas podem prejudicar o ambiente.

Veja o que o ser humano faz que prejudica o ambiente:

- polui o ar com a fumaça das indústrias e dos escapamentos dos veículos;
- polui as águas dos rios, dos mares e dos lagos e o solo com esgotos, com lixo, com pesticidas usados na agricultura e com produtos químicos das indústrias;

RYANKING999

- destrói as florestas, queimando e derrubando árvores;
- caça animais das matas e pesca nas épocas em que não é permitido.

SHUTTERSTOCK

99PHOTOGRAPHY

No Brasil existem muitas leis ambientais que protegem os ambientes.

As pessoas que desobedecem às leis que protegem o ambiente são punidas com multas.

ATIVIDADES...

1. Associe o elemento da natureza à sua característica.

Sol •	• Elemento necessário para a vida dos animais e plantas.
Água •	• De onde se extraem petróleo e minerais.
Solo •	• Fonte de luz do planeta Terra.
Subsolo •	• Onde cresce a maioria das plantas.

2. Por que o ar é importante para a vida?

3. Onde plantamos os vegetais que são nosso alimento?

4. Por que as pessoas modificam o ambiente?

5. Você acha que o ambiente deve ser modificado? Justifique a resposta.

6. Como devem ser as estradas por onde passam os carros, ônibus, caminhões etc.?

7. O que o ser humano precisa construir para instalar usinas que produzem eletricidade?

8. O que se pode fazer quando os terrenos são secos?

9. O que se pode fazer quando os terrenos são muito úmidos?

10. O que polui o ar que respiramos?

11. O que polui as águas dos mares, rios e lagos, chegando até a matar os peixes?

12. Deve-se caçar os animais das matas?

13. O que acontece às pessoas ou fábricas que desobedecem às leis que protegem a saúde e o bem-estar do povo?

14. Procure saber com seus colegas e outras pessoas por que:
   a) não é permitido pescar em certas épocas do ano;
   b) não se deve queimar ou cortar as árvores de uma floresta.

   Escreva o que descobriu.

15. Desenhe exemplos de recursos da natureza que usamos em nossa casa.

REFORÇO 2

O ser humano e os outros animais

Semelhanças e diferenças

O ser humano e os outros animais têm diferenças e semelhanças.

Veja algumas diferenças.

O ser humano tem inteligência bem desenvolvida; ele pensa, consegue resolver seus problemas.

Os outros animais também têm inteligência, mas menos desenvolvida.

O ser humano fala para se comunicar.
Os outros animais não falam, mas se comunicam por meio de sons.

Veja algumas semelhanças.

O ser humano se movimenta.

Todos os outros animais também se movimentam.

O ser humano se alimenta diariamente.

Os outros animais também precisam se alimentar.

O ser humano se reproduz.

Os outros animais também geram outros de sua espécie.

ATIVIDADES...

1. Quais são as principais diferenças entre o ser humano e os outros animais?

2. Quais são as semelhanças entre o ser humano e os outros animais?

3. Você gostaria de ser outro animal? Qual e por quê?

Reprodução dos animais

Os animais se reproduzem.
Reproduzir-se é dar vida a outros seres da mesma espécie.

- O ser humano, o gato, o coelho e muitos outros animais se desenvolvem no corpo da mãe.

- Algumas espécies de peixes põem ovos no fundo do mar; nos ovos se desenvolvem os peixinhos.

- As aves põem e chocam seus ovos em ninhos. Nesses ovos se desenvolvem os filhotes.

- Outros animais também põem ovos. Por exemplo, os répteis, os insetos, os sapos etc.

Observe onde se desenvolvem:

a) o bezerro.

b) o pintinho.

A maioria dos animais é parecida com os pais ao nascer. Veja as fotos.

Outros animais não são parecidos com os pais ao nascer.
Observe o ciclo de desenvolvimento do sapo e do bicho-da-seda:

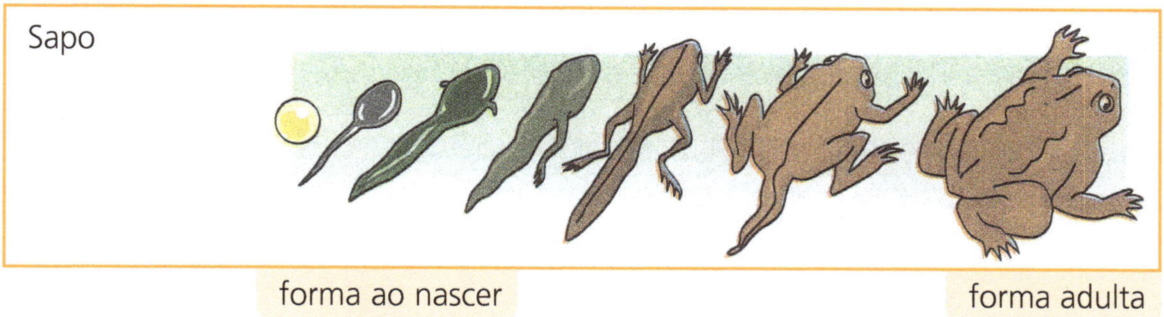

O sapo e o bicho-da-seda passam por transformações até se tornarem adultos.

A essas transformações dá-se o nome de **metamorfose**.

A rã e a borboleta também são exemplos de animais que passam pela metamorfose.

Saiba que

Alguns animais vivem mais que outros. Veja alguns exemplos.
Jabuti – cerca de 200 anos.
Rato – aproximadamente 2 anos.
Elefante – pode chegar a 120 anos.
Coelho – entre 7 e 9 anos.
Cachorro – entre 15 e 18 anos.

ATIVIDADES...

1. Por que os seres vivos se reproduzem?

2. Onde se desenvolvem o ser humano, o gato, o coelho e outros mamíferos?

3. Cite alguns animais que nascem de ovos.

4. Cite animais que não se parecem com os pais ao nascer.

5. Complete a frase.
Reproduzir-se é dar vida a outros seres da mesma ________.

6. Complete com as palavras:

vive – acaba de nascer – está morto

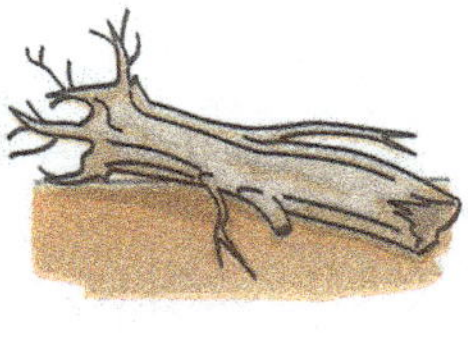

Desenvolvimento dos seres humanos

Nos primeiros anos de nossa vida, somos bebês.

Depois, já mais crescidos, vamos à escola.

Mais alguns anos e nos tornamos adultos.

Bem mais tarde, ficamos velhos e, um dia, morreremos.

O desenvolvimento dos seres humanos é semelhante ao dos outros animais. Todos eles nascem, crescem, se reproduzem e morrem.

Desde o nascimento até a morte, o ser humano passa por diferentes fases da vida.

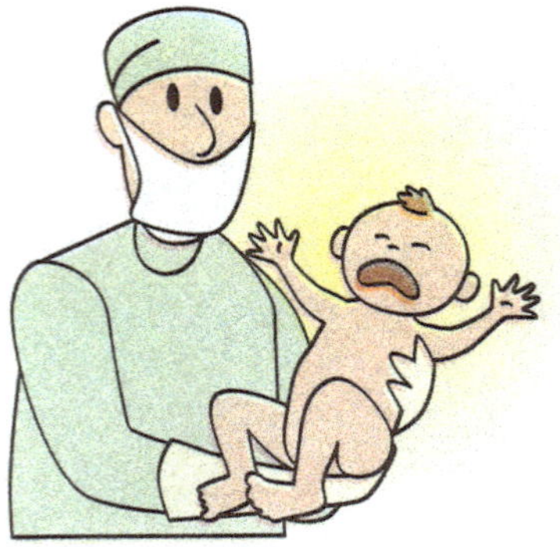

Recém-nascido: essa fase tem início após o nascimento.

Lactente: fase enquanto mama, geralmente até 1 ano de idade.

Pré-escolar: fase que vai dos 2 aos 5 anos de idade.

Escolar: fase que começa por volta dos 6 anos, quando inicia o Ensino Fundamental.

Adolescente: fase que começa aos 10 ou 11 anos de idade.

Adulto: fase que tem início por volta dos 18 anos.

ATIVIDADES...

1. As figuras abaixo representam as várias fases da vida do João. Numere-as na sequência correta.

2. Em que fase da vida você se encontra?

Procure saber com seus familiares quando você começou a andar e a falar, qual a primeira palavra que pronunciou, se foi saudável, com que idade entrou na escola.

REFORÇO 3

Classificação dos vertebrados

Os animais vertebrados são classificados em mamíferos, aves, répteis, anfíbios e peixes, e todos eles têm coluna vertebral.

Mamíferos

Os mamíferos mamam quando pequenos, têm pelos no corpo e respiram por pulmões. São vivíparos, isto é, formam-se dentro do corpo da mãe.

AMMIT

Ser humano.

SHUTTERSTOCK

Porco.

AMMIT

Onça.

JESSE KUNERTH

Cavalo.

A baleia, o peixe-boi e o golfinho parecem peixes, mas são mamíferos.

O morcego voa, mas também é mamífero.

ATIVIDADES...

1. Observe o desenho e responda.

O que estão fazendo os gatinhos?

TATYANA CHERNYAK

2. Escreva o nome de dez animais mamíferos que você conhece.

3. Responda.

a) Qual mamífero voa?

b) Quais mamíferos vivem na água?

4. Complete. Os mamíferos...

- têm no corpo.
- respiram por .
- mamam quando .

5. Observe estes animais e responda.

FOTOS: JUPITER IMAGES

a) A qual grupo de vertebrados eles pertencem?

b) Quais são as principais características desse grupo?

Aves

As aves têm o corpo coberto de penas, possuem asas, bico e respiram por pulmões.

São ovíparos, isto é, nascem de ovos.

Galo.

Coruja.

Pinguim.

Beija-flor.

A avestruz, a ema e o peru têm asas e não voam.

ATIVIDADES...

1. Observe a ilustração e responda.

a) O que você vê no desenho?

b) O que os pássaros têm?

c) O que os pássaros não têm?

2. Você tem algum pássaro em casa? Qual?

3. Você acha que deve prender os pássaros na gaiola?

☐ sim ☐ não

Por quê?

Répteis

Os répteis têm o corpo coberto de escamas (cobras e lagartos), carapaças duras (tartarugas) ou placas (jacarés).

Muitos répteis se arrastam pelo chão porque não têm pernas. Outros têm pernas curtas.

Os répteis são ovíparos: seus filhotes nascem de ovos.

Cobra.

Lagarto.

Jacaré.

Tartaruga.

PIOTR KRZESLAK/SOHADISZNO/ WORLDSWILDLIFEWONDERS

ATIVIDADES...

1. Observe a ilustração e responda.

a) Que animal está representado?

b) Como ele anda?

c) Complete a frase:
O jacaré é um ____________, tem 4 pernas e põe ____________.

2. Todos os répteis têm pernas?

3. De quais répteis você tem medo? Por quê?

Anfíbios

Os anfíbios têm o corpo coberto por uma pele úmida e escorregadia. Vivem tanto na terra como na água. São ovíparos. Eles se alimentam de insetos. Exemplos: os sapos, as rãs e as pererecas.

KEVIN SNAIR

EDUARD KYSLYNSKYY

ATIVIDADES...

1. Observe a ilustração e responda.

a) Que animal está representado?

b) Que tipo de vertebrado é o sapo?

c) Do que se alimentam os sapos, as rãs e as pererecas?

2. Você tem medo de sapo?

☐ sim ☐ não

3. Você já pegou um sapo com a mão? Como foi?

Peixes

Os peixes vivem na água e respiram por brânquias. A maioria tem o corpo coberto de escamas, mas também há aqueles que têm pele lisa. Todos têm nadadeiras.

A maioria dos peixes nasce de ovos postos na água.

IGOR BORISOV/SHUTTERSTOCK/ SSERG_DIBROVA

As baleias, os golfinhos e o peixe-boi também vivem na água. Mas não são peixes, e sim mamíferos.

ATIVIDADES...

1. Observe a ilustração e responda.

a) Que animal está representado?

b) Do que é coberto o corpo dos peixes?

c) Como os peixes se reproduzem?

2. Por que os peixes são bons alimentos?

3. Você conhece algum peixe de aquário? Descreva como ele é.

4. Ligue cada grupo de vertebrados às suas características.

	Características
Aves •	• corpo coberto de escamas • nadadeiras • vivem na água
Anfíbios •	• corpo coberto de penas • bico • asas • comem insetos e sementes
Répteis •	• corpo coberto de escamas, carapaças ou placas • pele úmida • nadam na água e saltam na terra • comem insetos
Peixes •	• corpo coberto de escamas, na maioria • rastejam • comem insetos

5. Preencha a tabela de acordo com as características de cada animal.

FOTOS: JUPITER IMAGES

Animal	Ambiente	Como se movimenta	Com o que se movimenta
	ar	voa	asas

6. Escreva três nomes de animais que pertencem a cada grupo indicado.

Mamíferos	Aves	Répteis	Anfíbios	Peixes

JUPITER IMAGES

Saiba que

Muitos animais estão ameaçados de extinção em função das alterações provocadas pelo ser humano no ambiente. Por isso existem leis para a proteção dos animais, proibindo a captura de espécies para venda, a caça e a destruição de florestas, rios e mares. Veja exemplos de alguns animais que ocorrem no Brasil e que estão ameaçados de extinção.

Ararinha-azul, peixe-boi, onça-pintada, cervo-do-pantanal, lobo-guará, mico-leão-dourado, tartaruga-oliva, jaguatirica, tamanduá-bandeira.

GLORIA JAFET/KINO.COM.BR/LUCIANO CANDISANI/KINO.COM.BR/ABLESTOCK/JULIO BERNARDES/EDITORA ABRIL

REFORÇO

4 Como são as plantas

As partes das plantas

As plantas são seres vivos: elas nascem, crescem, reproduzem-se e morrem.

Para viver, as plantas necessitam: de terra fértil, luz, ar, água e sais minerais.

As plantas vivem em diferentes ambientes: no solo, na água e até sobre o caule de outros vegetais.

As principais partes de uma planta são: **raiz**, **caule**, **folhas**, **flores**, **frutos** e **sementes**.

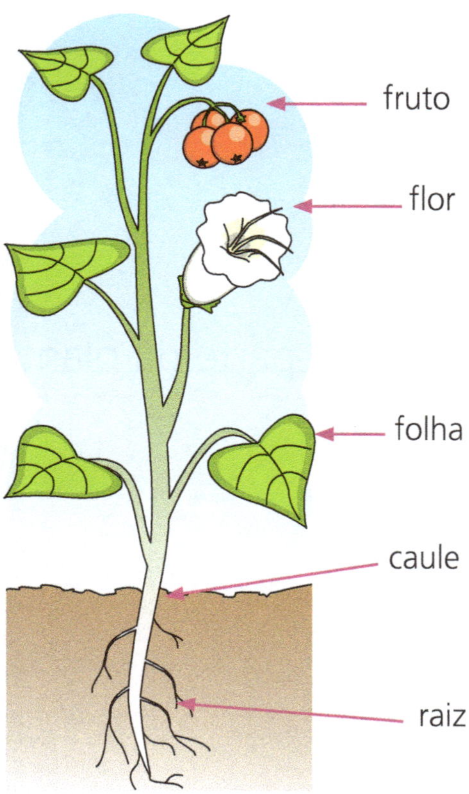

- **Caule:** sustenta folhas, flores e frutos.
- **Flores:** são órgãos de reprodução.
- **Frutos:** guardam sementes.
- **Sementes:** dão origem a novas plantas.
- **Folhas:** absorvem gás carbônico do ar e eliminam água e oxigênio.
- **Raiz:** fixa as plantas no solo e dele retira água com sais e minerais.

ATIVIDADES...

1. Faça a correspondência escrevendo os números nos quadrinhos:

1 raiz	( ) guarda as sementes
2 caule	( ) órgão de reprodução da planta
3 folhas	( ) fixa a planta e retira água com sais minerais do solo
4 flores	( ) por ela a planta absorve gás carbônico
5 frutos	( ) sustenta galhos e folhas

2. Escreva **certo** ou **errado**.

Para viver, as plantas

- precisam de água. ( )
- precisam de terra fértil. ( )
- não precisam de ar. ( )
- precisam de luz. ( )
- não precisam de espaço. ( )

3. Pinte o desenho e escreva o nome de cada parte da planta.

____

____

____

____

____

Utilidade das plantas

Veja como as plantas são úteis.

Servem de alimento para pessoas e animais.

Dão frutos saborosos.

Fornecem fibras para a fabricação de tecidos.

Com suas sementes produzimos óleos comestíveis.

Fornecem madeira para a construção de casas, móveis, veículos etc.

Certas plantas nos dão remédios; são plantas medicinais.

Árvores grandes dão sombra agradável.

Da cana-de-açúcar e da beterraba obtemos açúcar.

São utilizadas na fabricação de bebidas e sucos.

As flores enfeitam os jardins e as casas.

Saiba que

Muitas plantas são utilizadas pelas indústrias para fabricar móveis, tecidos, remédios, açúcar, álcool, bebidas, doces, refrigerantes etc.

- Plantas usadas na alimentação: legumes, verduras, frutas, cereais, batata, mandioca etc.
- Plantas medicinais: erva-cidreira, erva-doce, canela, cravo, camomila, boldo.
- Plantas que fornecem óleos: girassol, soja, algodão, milho.
- Plantas usadas na fabricação de móveis: pinus, peroba, cedro, jacarandá, imbuia, pinho, mogno etc.

ATIVIDADES...

1. Dê o nome de:

a) três plantas que dão flores.

b) dois vegetais dos quais extraímos açúcar.

c) três plantas medicinais.

d) três madeiras com as quais construímos móveis.

e) três plantas cujas sementes fornecem óleo.

f) três frutos que fornecem suco.

Hortaliças

As hortaliças são uma importante fonte de alimento para os seres humanos, por exemplo:

- **raízes** – cenoura, beterraba, mandioca, rabanete etc.;
- **folhas** – alface, repolho, couve etc.;
- **flores** – couve-flor, brócolis etc.;
- **sementes** – ervilhas, feijão, grão-de-bico etc.;
- **frutos** – tomate, pimentão, pepino etc.;
- **caules** – palmito, cana etc.

ATIVIDADES...

Quais hortaliças do quadro fazem parte da sua alimentação?

REFORÇO 5

Flores, frutos e sementes

Flores

As flores embelezam e perfumam o ambiente.

Nelas estão os órgãos reprodutores das plantas.

Reproduzir-se é gerar outros seres da mesma espécie.

Das flores nascem os frutos.

As flores produzem uma substância doce chamada **néctar**, que atrai beija-flores, insetos e abelhas. É com o néctar que as abelhas fabricam o mel.

Exemplos:

Amor-perfeito

Rosa

Copo-de-leite

ATIVIDADES...

1. Pesquise e escreva o nome de outras três flores.

2. O que significa reproduzir-se?

3. O que atrai as abelhas às flores?

Frutos

Os frutos guardam as sementes da planta e elas darão origem a novas plantas.

Alguns frutos, como o abacate, têm apenas uma semente, que recebe o nome de **caroço**.

Há frutos com muitas sementes, como a laranja e a melancia.

ATIVIDADES...

Pinte os frutos e escreva o nome de cada um.

Sementes

As sementes germinam e dão origem a uma nova planta.
Germinar é iniciar o desenvolvimento a partir da semente.
Muitas plantas nascem de sementes.
As sementes estão nos frutos.

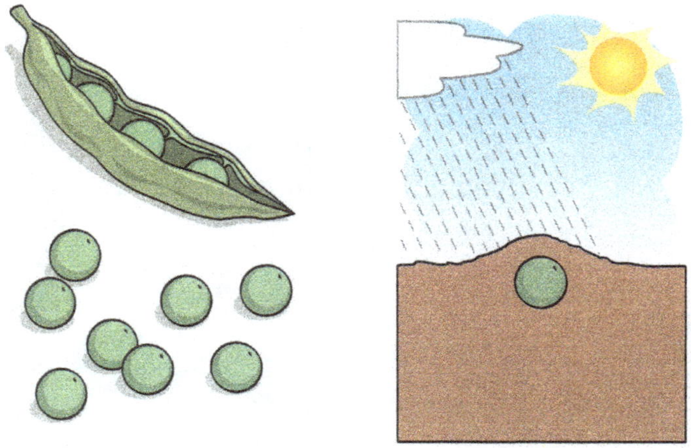

Os grãos de ervilha estão dentro da vagem.

A vagem abre e as sementes ficam no solo.

Quando chove, a semente umedece, germina e começa a brotar.

Observe a germinação e o desenvolvimento de uma semente de feijão.

Algumas plantas nascem de **mudas**.
Muda é um pedaço retirado de uma planta. Depois de plantado, esse pedaço dará origem a uma nova planta.

Espalhando as sementes

As sementes são espalhadas de muitas maneiras.

A flor solta suas sementes, que são levadas pelo vento.

Os animais comem as frutas. Muitas sementes caem no chão ou saem com as fezes.

Os carrapichos grudam nos pelos dos animais e são transportados para outro lugar.

O homem espalha as sementes pela terra arada.

As aves transportam as sementes no bico ou presas às penas.

As águas da chuva e dos rios carregam as sementes para outros lugares.

ATIVIDADES...

1. Onde são encontradas as sementes?

2. Todas as plantas nascem de sementes?

3. O que é uma muda?

4. Como ocorre o nascimento de uma planta por muda?

5. De que a semente precisa para germinar?

6. Complete as frases.

   a) Os ______ transportam as sementes no bico.
   b) As ______ são espalhadas pelo homem, pelo vento, pelas águas.
   c) Os ______ podem transportar as sementes.

7. Faça a seguinte experiência em casa: coloque alguns grãos de feijão dentro de um copo, sobre um algodão; umedeça o algodão diariamente, observe e anote os resultados.

REFORÇO 6

Os astros

O Sol, a Terra e a Lua

O **Sol**, a **Terra** e a **Lua** são astros.
O Sol é uma **estrela**.
Estrelas são astros que têm luz própria.

A Terra é um planeta. Ela recebe luz e calor do Sol.

Planetas são astros que giram em torno de uma estrela. Eles não têm luz própria.

Os planetas são Mercúrio, Vênus, Terra, Marte, Júpiter, Saturno, Urano e Netuno. Eles giram nessa ordem ao redor do Sol e formam o Sistema Solar.

Fases da Lua

A Lua é o satélite natural da Terra.

Satélites são astros que giram em redor dos planetas e não têm luz própria.

A Lua aparece no céu com diferentes aspectos: são as fases da Lua.

Essas fases dependem da posição da Lua em relação ao Sol, que a ilumina, e da posição da Lua em relação à Terra.

Cada fase dura aproximadamente 7 dias.

JUPITER IMAGES

Lua cheia: a face da Lua voltada para a Terra está totalmente iluminada pelo Sol.

NASA

Lua minguante: a face voltada para a Terra vai ficando cada vez menos iluminada.

NASA

Lua nova: a face voltada para a Terra não está iluminada e não vemos a Lua no céu.

PHOTOSCOM

Lua crescente: a face voltada para a Terra vai aumentando a parte iluminada.

ATIVIDADES...

1. Qual é o centro do Sistema Solar?

2. Que tipo de astro é o Sol?

3. O que são estrelas?

4. O que são planetas?

5. Quais são os planetas do Sistema Solar?

6. Dê o nome do planeta que fica:
   a) mais perto do Sol.
   b) mais afastado do Sol.

7. O que é a Lua?

8. O que são satélites naturais?

9. Quais são as fases da Lua?

10. Assinale **sim** ou **não**.
    a) O Sol tem luz própria. ☐ sim ☐ não
    b) O Sol é uma estrela. ☐ sim ☐ não
    c) A Terra tem luz própria. ☐ sim ☐ não
    d) A Lua é o satélite natural da Terra. ☐ sim ☐ não
    e) A Terra é um satélite. ☐ sim ☐ não

11. Observe os desenhos e escreva as frases.

a) O  , a  e a  são astros.

b) O  é uma estrela, a  é um planeta e a  é um satélite.

12. Complete as frases e resolva a cruzadinha.

1. A ______________ é um planeta.
2. A Lua é o ______________ da Terra.
3. ______________ são astros que giram em torno de uma estrela.
4. O Sol é uma ______________ .
5. Uma das fases da Lua é a ______________ .
6. O ______________ ilumina a Terra.

1						A							
					2	S							
3						T							
		4				R							
				5		O							
					6	S							

Movimentos da Terra

A Terra se move no espaço ao redor de si mesma e ao redor do Sol.

IMAGENS NÃO PROPORCIONAIS ENTRE SI.

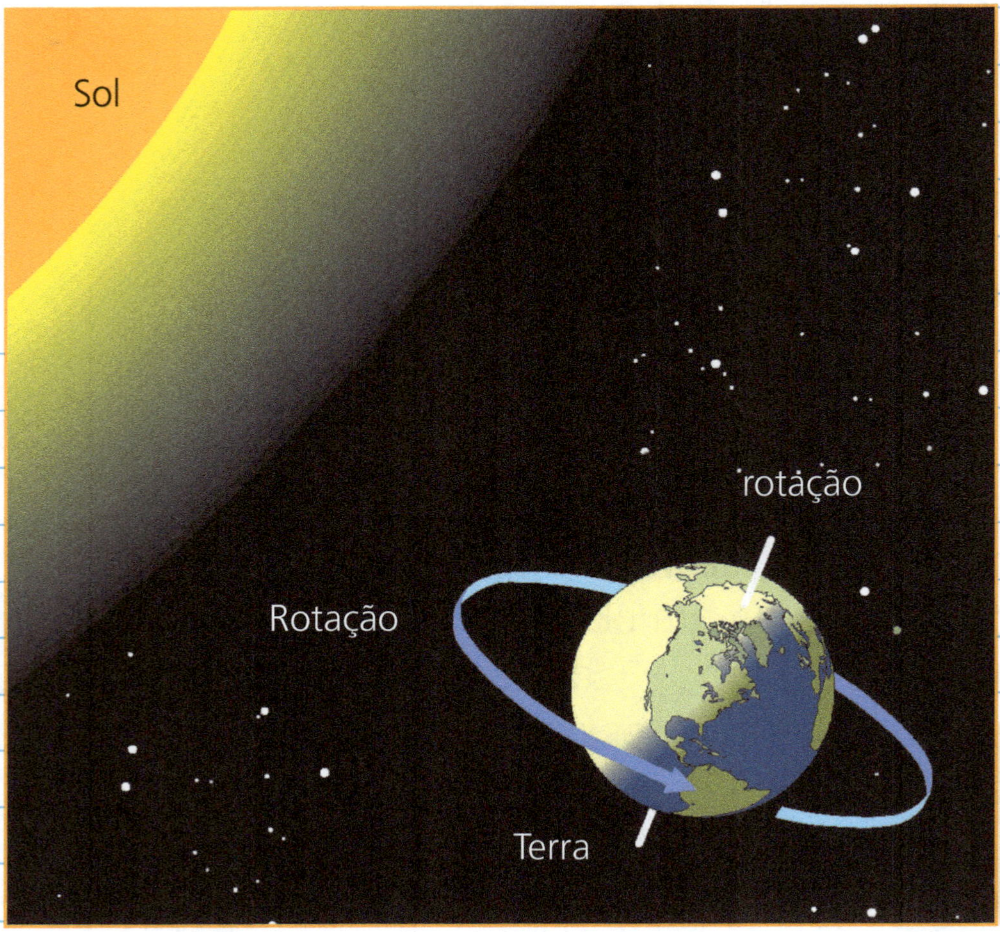

No movimento de rotação, a Terra gira ao redor de si mesma.

Na **rotação**, a Terra gira em torno de si mesma, como se fosse um pião. Cada giro demora 24 horas.

Durante o movimento de rotação, metade da Terra fica iluminada pelo Sol. Nessa parte é **dia**.

A outra metade da Terra fica na sombra. Nessa parte é **noite**.

O movimento de rotação produz o dia e a noite.

Ao mesmo tempo em que gira ao redor de si mesma, a Terra dá voltas ao redor do Sol.

Esse movimento da Terra ao redor do Sol chama-se **translação**.

O movimento de translação

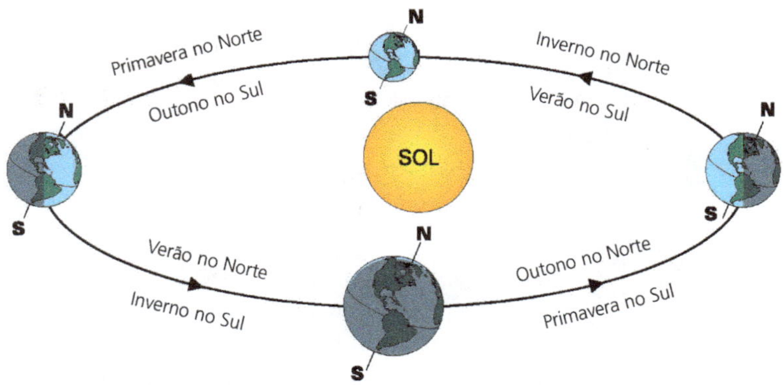

As estações do ano no Hemisfério Norte e no Hemisfério Sul se opõem: quando aqui é verão, é inverno no Hemisfério Norte.

A Terra demora 365 dias e 6 horas (ou 1 ano) para completar uma volta ao redor do Sol.

ATIVIDADES...

1. Coloque **V** se a afirmação for verdadeira e **F** se for falsa.
   - ☐ A Terra tem movimentos.
   - ☐ A Terra fica parada no espaço.
   - ☐ A Terra faz o movimento de rotação em redor de si mesma.
   - ☐ O movimento de rotação produz o dia e a noite.

2. Como é o movimento de rotação da Terra?

3. Em quanto tempo a Terra executa uma rotação?

4. O movimento de rotação gera o quê?

5. Quanto tempo demora o movimento de translação?

REFORÇO 7

As estações do ano

Como são as estações do ano

As estações do ano são: primavera, verão, outono e inverno.

EDSON ANTUNES/N-PUBLIC

A primavera vai de 23 de setembro até 21 de dezembro.

ABLESTOCK

O verão vai de 22 de dezembro a 20 de março.

CPG

O outono começa em 21 de março e termina em 21 de junho.

THOMAS NORTHCUT

O inverno começa em 21 de junho e vai até 22 de setembro.

Saiba que

O clima no Brasil é variável de região para região. No Norte e Nordeste por exemplo, não há grandes diferenças de temperatura entre o verão e o inverno. Já no Sul e Sudeste o inverno é seco e pode fazer muito frio.

ATIVIDADES...

1. Quais são as estações do ano?

2. Como são os dias no verão?

3. E no inverno?

4. Qual é a estação do ano de que você mais gosta e por quê?

5. Indique o nome da estação do ano em que você está agora.

6. O que você costuma fazer quando faz:

a) muito calor?

b) muito frio?

7. Circule no diagrama os nomes dos movimentos da Terra e das estações do ano.

P	F	G	P	R	I	M	A	V	E	R	A
G	R	O	T	A	Ç	Ã	O	E	M	Q	P
X	H	J	L	I	N	V	E	R	N	O	H
T	R	A	N	S	L	A	Ç	Ã	O	S	T
Z	L	M	O	U	T	O	N	O	V	X	Z

Agora escreva os nomes:

- dos movimentos da Terra.

- das estações do ano.

As mudanças do tempo

O tempo pode estar quente, chuvoso, seco ou úmido.
Há dias com bastante Sol, outros com chuva e vento.
O tempo é agradável quando não está nem quente nem frio.

HONGQI ZHANG

No calor, devemos usar roupas leves e claras e beber bastante líquido.

FUCHS-PHOTOGRAPHY

No frio, devemos usar roupas quentes, como as de lã, meias, gorro, luvas etc.

INGRAM PUBLISHING

Nos dias chuvosos, devemos usar capa, guarda-chuva, botas etc.

ATIVIDADES...

1. Como está o tempo hoje?

2. Quando o tempo é agradável?

3. Que roupas devemos usar no calor?

4. Por que a criança da foto ao lado está agasalhada?

5. O que devemos usar no frio?

6. O que devemos usar nos dias chuvosos?

7. O que você prefere: calor ou frio?

8. Você gosta de chuva?

9. Quando chove mais no lugar onde você vive: no verão ou no inverno?

10. O que você faz em dias de chuva?

REFORÇO 8

O ar e o solo

O ar

A Terra é envolvida por uma camada de ar chamada **atmosfera**.

O ar é invisível, isto é, não pode ser visto. O vento é o ar em movimento.

O ar é formado por uma mistura de gases, como o oxigênio, o gás carbônico, o nitrogênio etc.

As pessoas, os animais e as plantas não vivem sem o oxigênio do ar.

As plantas também usam o gás carbônico para produzir alimentos.

SURKOVDIMITRI

Estamos rodeados pelo ar. Ele está presente em todos os lugares. Podemos perceber a presença do ar quando enchemos um balão, por exemplo.

Nos campos e nas montanhas, o ar é mais puro, em geral.

Nas cidades, o ar é poluído por causa da fumaça dos carros, caminhões, ônibus e dos gases expelidos pelas chaminés das fábricas.

Devem ser colocados filtros nas chaminés das fábricas para evitar a poluição do ar.

Há muitas doenças ocasionadas pela poluição do ar. Procure saber quais são essas doenças.

Usamos o ar para mover as embarcações à vela, para encher pneus, balões, bexigas etc.

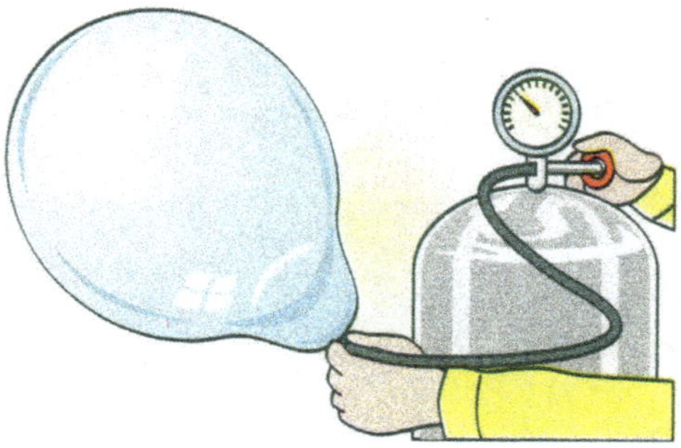

ATIVIDADES...

1. O que é atmosfera?

2. O que é ar?

3. Para que serve o:

   a) oxigênio?

   b) gás carbônico?

4. O ar pode ser visto?

5. Onde o ar é:

a) puro? _______________.

b) poluído? _______________.

6. Observe a ilustração e responda.

a) O voo da pipa comprova que o ar existe?

b) Se o vento cessa, o que acontece?

7. Complete as frases.

a) Com ar, o animal _______________; _______________ ar, ele _______________.

b) Há muita gente fumando na sala. O ar fica _______________.

c) Os escapamentos dos carros enchem o ar de gases venenosos. O ar fica _______________.

d) Há muita fumaça saindo das chaminés das fábricas. O ar fica _______________.

O solo

Solo é a parte externa da crosta terrestre. É nele que vivemos, construímos nossas casas e plantamos nossos alimentos.

NOPPHARAT05081977

Os solos são uma mistura de rochas que se desmancharam e restos de plantas e de animais decompostos.

Os solos podem ser:

- **Arenosos**
  Formados por muita areia. Deixam a água passar com facilidade. Precisam ser irrigados.
- **Argilosos**
  Formados principalmente por argila (torrões, barros). Precisam ser drenados, porque ficam encharcados.
- **Humíferos**
  Formados por grandes quantidades de restos de animais e vegetais em decomposição formando o húmus. É solo fértil.

Para irrigar solos arenosos, é preciso abrir canais para a água correr nas plantações.

Para drenar solos argilosos, é preciso aterrar a área, abrir valetas ou plantar vegetais que sugam muita água (como eucaliptos e girassóis).

Para tornar os solos mais férteis, é necessário colocar adubos (fertilizantes).

Para conservar o solo, o ser humano deve evitar:

- as queimadas.
- a derrubada das árvores.

Para evitar esses prejuízos, é preciso fazer o reflorestamento, isto é, plantar novas árvores no lugar das que foram derrubadas.

ATIVIDADES...

1. Responda.
   a) O que é preciso fazer onde as florestas são derrubadas ou queimadas?

   b) Você acha certo cortar ou queimar árvores?

2. Faça a correspondência ligando com um traço.

solo arenoso •	• é formado por húmus
solo argiloso •	• não retém água, é seco
solo humífero •	• contém argila

3. Do que é feito o solo?

4. O que se deve fazer quando o solo:
   a) é muito seco? .
   b) é muito úmido? .

5. O que quer dizer reflorestar?

6. Coloque **V** se for verdadeiro e **F** se for falso.
   - ☐ O solo dos brejos é muito úmido.
   - ☐ Solos arenosos devem ser drenados.
   - ☐ Para tornar os solos mais férteis é necessário colocar adubos.
   - ☐ Não devemos derrubar árvores sem replantá-las.
   - ☐ As queimadas não causam prejuízos.

7. Complete as frases e resolva a cruzadinha.

1. O solo arenoso é: __________.
2. Exemplo de solo úmido: __________.
3. O mesmo que reflorestar: __________.
4. Para tornar os solos mais férteis é preciso de: __________.

				1	S					
2					O					
			3		L					
4					O					

8. Coloque **V** se for verdadeiro e **F** se for falso.

- ☐ A chuva, o vento, o Sol, a neve etc. vão modificando a superfície do solo.
- ☐ O solo agrícola é onde o ser humano faz as suas plantações.
- ☐ Sulcos abertos no solo foram formados pelas enxurradas e pelos ventos.

9. Faça um desenho relacionado com o solo.

A água

A água e seus estados

A água é necessária para a vida do ser humano, dos outros animais e das plantas.

A água também é usada na higiene do nosso corpo, dos nossos alimentos e da nossa habitação.

A água existe nos estados **sólido**, **líquido** e **gasoso**.

Observe os desenhos.

A água em forma de gelo é encontrada nas regiões muito frias.

A água líquida é encontrada nos rios, mares, lagos, poços, minas etc.

A água na forma de vapor é invisível e está no ar.

ATIVIDADES...

1. Complete as frases.
   a) A água da torneira está no estado ______.
   b) O gelo do congelador está no estado ______.
   c) O vapor saindo da chaleira está no estado ______.

2. Ligue as águas ao estado correspondente.

água dos rios •	• estado sólido
gelo •	• estado gasoso
vapor •	• estado líquido

Mudanças de estado da água

Dependendo da temperatura, a água pode mudar de estado físico.

Esses fenômenos recebem o nome de fusão, solidificação, evaporação e condensação.

Fusão

O gelo (sólido), depois de certo tempo fora da geladeira, derrete e torna-se água (líquido).

Solidificação

A água (líquido) colocada no congelador torna-se gelo (sólido).

Evaporação e condensação

A água (líquido), depois que começa a ferver, transforma-se em vapor (gasoso) invisível.

O vapor (gasoso) que sai da jarra onde a água está fervendo, encontrando o ar frio, transforma-se em gotinhas de água (líquido) que ficam suspensas no ar, formando a fumaça que sai da jarra.

Líquido. Líquido no ar.

ATIVIDADES...

1. Observe as ilustrações e complete as frases.

a) O gelo do copo está no estado ______.
b) A água no copo está no estado ______.
c) O vapor da água fervendo está no estado ______.
d) O gelo derreteu. A água passou do estado ______ para o estado ______.
e) Essa mudança de estado chama-se ______.

2. Faça a correspondência.

a) Fusão. | ☐ Líquido para gasoso.
b) Solidificação. | ☐ Gasoso para líquido.
c) Evaporação. | ☐ Sólido para líquido.
d) Condensação. | ☐ Líquido para sólido.

3. Complete as frases.

a) Antes de estar fervida, a água estava no estado ______.
b) Ao ferver, a água passou para o estado ______, mas não vemos o vapor.
c) Essa mudança de estado chama-se ______.
d) A fumaça é vapor de água ______.
e) Passagem do estado líquido para o sólido: ______.
f) Passagem do estado líquido para o gasoso: ______.
g) Passagem do estado sólido para o líquido: ______.
h) Passagem do estado gasoso para o líquido: ______.

A água que bebemos

A água que bebemos deve ser fervida ou filtrada.

A água própria para beber chama-se **potável**. Ela é própria para beber, porque está livre de impurezas e organismos que prejudicam a saúde.

A água potável não tem cor, cheiro nem gosto. E não contém microrganismos.

Antes de chegar às nossas casas, a água passa pelas **estações de tratamento**, onde é filtrada e recebe **cloro**.

O cloro mata os **microrganismos** (seres microscópicos que causam doenças).

JUCA MARTINS/ OLHAR IMAGEM

Estação de tratamento de água.

A água pode ser:

potável – própria para beber.

tratada – que foi filtrada e clorada.

mineral – que vem de uma fonte.

poluída – que contém microrganismos nocivos.

doce – de rios, fontes, chuva, poços etc.

salgada – dos mares e oceanos.

ATIVIDADES...

1. Para que a água é necessária?

2. Onde encontramos água doce e água salgada?

3. Como deve ser a água potável?

4. Coloque um x nas alternativas certas.

- [ ] O cloro mata os microrganismos que causam doenças.
- [ ] A água potável tem cheiro.
- [ ] Devemos economizar água.
- [ ] A água própria para se beber é a água potável.
- [ ] Não devemos beber água filtrada.

5. Ligue as águas ao nome correspondente.

água com microrganismos •	• água da fonte
água mineral •	• água do mar
água salgada •	• água poluída

6. Complete as frases.

a) A água da torneira é _______________.

b) A água dos rios é _______________.

O ciclo da água na natureza

Quando o Sol aquece a água dos mares, rios e lagos ela se transforma em vapor.

O vapor de água sobe, condensa e forma gotinhas de água. Essas gotinhas formam as nuvens.

As nuvens vão de um lado para o outro, empurradas pelo vento. Quando as gotas ficam pesadas elas caem em forma de chuva.

A água da chuva cai na terra, nos mares, rios e lagos.

Novamente a água evapora e sobe na atmosfera. A essa viagem da água na natureza damos o nome de ciclo da água.

Esquema do ciclo da água

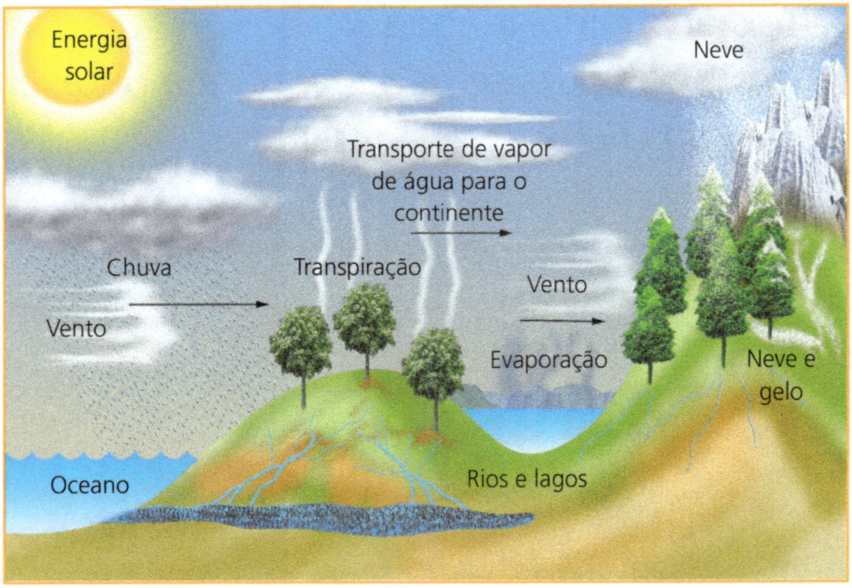

- Escreva como é o ciclo da água.

ATIVIDADES...

1. O que faz evaporar as águas dos lagos, rios e mares?

2. Em que se transforma o vapor de água que sobe na atmosfera?

3. Quem empurra as nuvens na atmosfera?

4. O que acontece quando as nuvens ficam mais pesadas e encontram o ar mais frio?

5. Onde as águas da chuva caem?

6. O que acontece com a água da chuva que caiu na superfície terrestre?

7. Que nome se dá a essa viagem da água na natureza?

REFORÇO 10

Nosso corpo

As partes do corpo

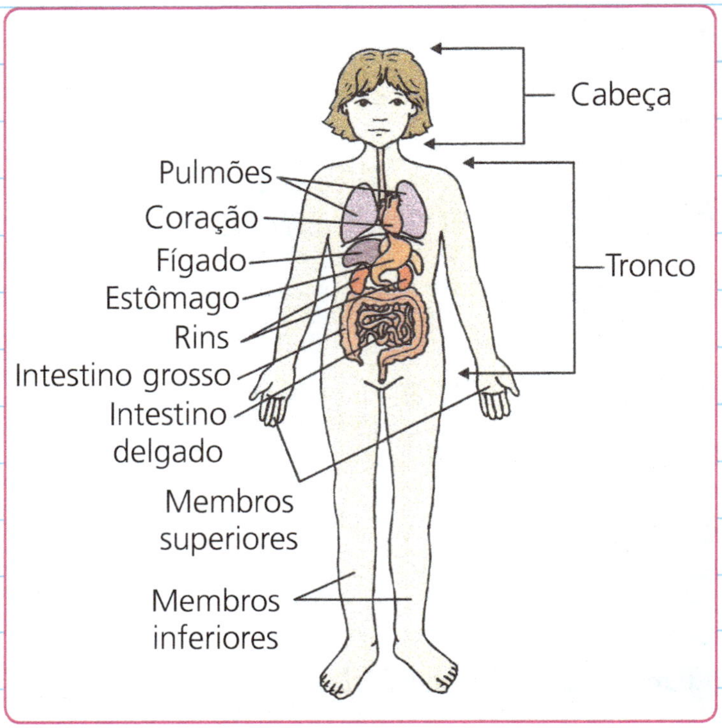

O nosso corpo tem cabeça, tronco e membros.

A cabeça é formada pelo crânio e pela face.

O **crânio** protege o encéfalo (cérebro, cerebelo etc.).

Na **face** se localizam os olhos, o nariz, e a boca.

O **pescoço** liga a cabeça ao tronco.

O **tronco** é formado pelo tórax e pelo abdome.

No **tórax** ficam o coração, que faz o sangue circular pelo corpo, e os pulmões, onde há troca de oxigênio e gás carbônico.

No **abdome** estão o estômago, o fígado, o pâncreas, o baço, os intestinos, os rins, a bexiga e os órgãos reprodutores.

Os **membros** são quatro: dois superiores (os braços) e dois inferiores (as pernas).

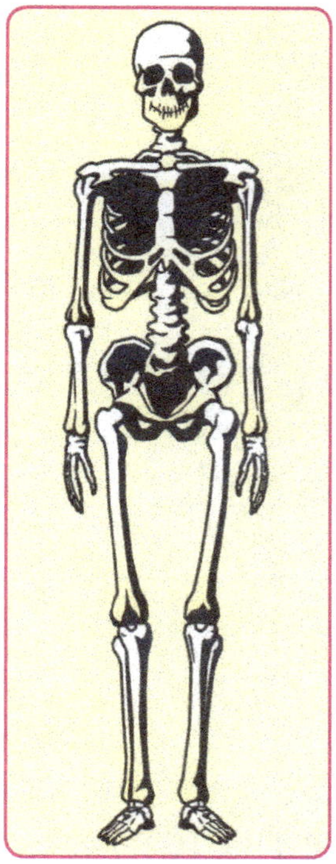

O conjunto de ossos do nosso corpo forma o que chamamos de **esqueleto**.
Ele sustenta o corpo e protege os órgãos.
Os ossos estão unidos pelas **articulações**.

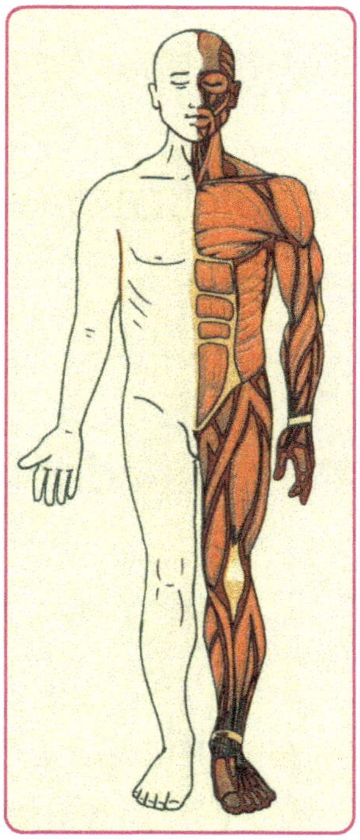

Cobrindo o esqueleto, nós temos os **músculos**, que chamamos de **carne**.
O nosso corpo faz movimentos através dos músculos e ossos.
A pele recobre e protege os músculos.

ATIVIDADES...

1. Qual é a função do esqueleto?

2. O que encontramos logo debaixo da pele?

3. Onde ficam as articulações?

4. Quais órgãos ficam no tronco?

5. Quais órgãos ficam no abdome?

6. Complete os quadrinhos com o que se pede.

1. Uma das partes da cabeça.
2. Onde ficam os olhos.
3. Liga a cabeça ao tronco.
4. Órgão importante que fica no tórax.
5. O ar entra nesses órgãos.
6. Recobre e protege os músculos.
7. Cobrem o esqueleto.
8. Pertencem aos membros superiores.

1								
2								
3								
4								
5								
6								
7								
8								

7. Quais são os membros do nosso corpo e onde ficam?

Os nossos sentidos

É por meio dos sentidos que observamos o que acontece ao nosso redor.

Nós temos cinco sentidos: visão, audição, olfato, paladar e tato.

Observe o que está fazendo cada criança.

Guilherme assiste à televisão.
A **visão** permite ver as coisas: o tamanho, a forma, as cores etc.
Os órgãos da visão são os **olhos**.

Andreia está comendo um doce.
O **paladar** permite sentir o gosto dos alimentos: doce, amargo, azedo, salgado.
O órgão do paladar é a **língua**.

Cristina está cheirando uma flor.
O **olfato** permite sentir o cheiro das coisas.
O órgão do olfato é o **nariz**.

Fernando ouve música.
A **audição** permite ouvir os sons.
Os órgãos da audição são as **orelhas**.

Lúcia coloca a mão nas garrafas para saber qual delas está mais gelada.
O **tato** permite perceber se as coisas são frias ou quentes, duras ou moles, macias ou ásperas etc.
O órgão do tato é a **pele**. Sua sensibilidade é mais desenvolvida nas mãos, nas pontas dos dedos ou nos lábios.

ATIVIDADES...

1. Assinale com um **x** as afirmações corretas:
   - ☐ O olfato nos permite sentir os cheiros.
   - ☐ O órgão do paladar é o nariz.
   - ☐ Percebemos se um objeto é quente pelo tato.
   - ☐ Sentimos o sabor dos alimentos com a língua.
   - ☐ Não devemos introduzir objetos nas orelhas.
   - ☐ O órgão do olfato é a língua.
   - ☐ Não devemos ler no escuro ou com iluminação fraca.

☐ A audição nos permite ver as coisas.
☐ Não devemos pingar remédios desconhecidos nos olhos.

2. Responda.
a) Como ficamos conhecendo as coisas ao nosso redor?

b) Quais são os nossos sentidos?

3. Em que partes do nosso corpo a sensibilidade do tato está mais desenvolvida?

4. Ligue as figuras correspondentes.

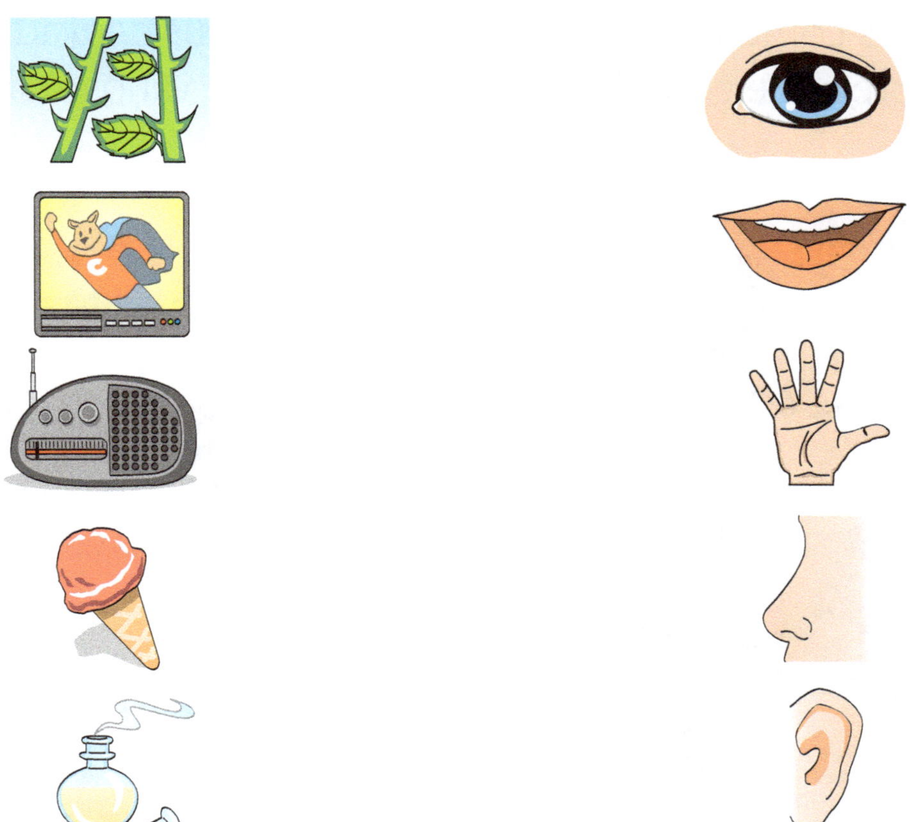

Alimentação

As pessoas e os outros animais precisam comer e beber para manter a saúde.

Os alimentos utilizados pelo ser humano têm três origens: animal, vegetal e mineral.

Alimentos como a carne, os ovos, o leite e seus derivados contêm proteínas e gordura. Eles são obtidos de vários animais.

Os alimentos de origem vegetal são as frutas, as verduras, os legumes.

Esses produtos contêm vitaminas e sais minerais.

Repolho.

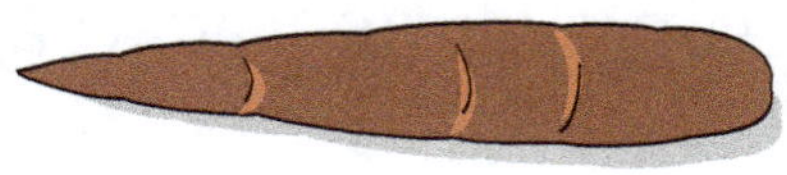
Mandioca.

Tomate.

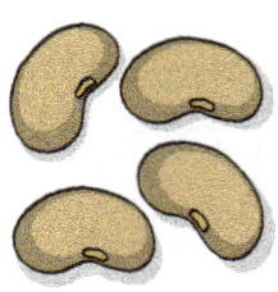
Feijão.

Cenoura.

Laranja.

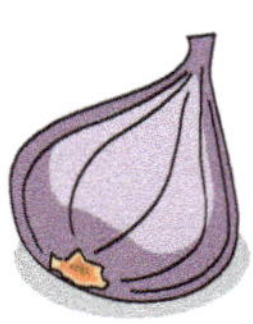
Figo.

Abacaxi.

Trigo.

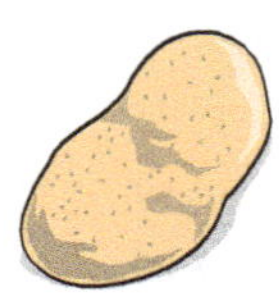
Batata.

Banana.

A água e o sal de cozinha são alimentos de origem mineral.

Alimentos naturais são aqueles consumidos sem passar por processos industriais.

Alimentos industrializados são os fabricados pela indústria. Exemplos: queijos, maionese, margarina, salsicha, salames etc.

Alguns cuidados com a alimentação ajudam a manter a saúde.

- Ao se alimentar, mastigue bem os alimentos.
- Faça as refeições sempre em horas certas.
- Não se alimente assistindo à televisão.
- Conserve os alimentos em lugar fresco e coberto, para que fiquem protegidos de insetos e outros animais.
- Beba sucos naturais e água.
- Coma carnes bem cozidas.
- Tome água fervida ou filtrada.

ATIVIDADES...

1. Separe os alimentos em duas colunas.

tomate – carne – extrato de tomate – macarrão
alface – iogurte – banana – bolacha

Natural	Industrializado

2. Descubra no diagrama o nome de alimentos, classificando-os de acordo com a sua origem.

Á	O	F	R	A	N	G	O	S	X	S
G	V	P	M	L	A	R	A	N	J	A
U	O	E	P	F	C	A	R	N	E	L
A	S	I	N	A	G	M	A	Ç	Ã	B
L	D	X	O	C	E	N	O	U	R	A
C	L	E	L	E	I	T	E	V	Z	E
B	A	N	A	N	A	R	T	U	H	I

Vegetal	Animal	Mineral

3. Complete as frases com as palavras do quadro.

sede fome

Quando preciso comer sinto ______.
Quando preciso beber sinto ______.

4. Complete a frase com uma das palavras abaixo.

proteínas – gorduras – vitaminas – sais minerais

É preciso comer carne, peixe e ovos.

A carne, o peixe e os ovos são necessários para construir o nosso corpo.

Eles são ricos em ______.

REFORÇO 11

Higiene e saúde

Cuidados que devemos ter

Para manter a saúde, precisamos prestar atenção em algumas coisas que temos de fazer corretamente.

Tomar banho diariamente, de preferência no fim do dia, para um sono repousante.

Escovar os dentes depois das refeições e também antes de dormir.

Manter os cabelos limpos e as unhas aparadas.

Lavar as mãos antes das refeições, depois de usar o sanitário e ao chegar da rua.

Comer alimentos variados: leite, carne, verduras, frutas etc.

Procurar sentar-se em posição correta.

Dormir pelo menos 8 horas por noite.

Praticar algum tipo de esporte saudável.

Usar roupas limpas e de acordo com a temperatura.

Andar calçado, evitando assim ferimentos e parasitas.

ATIVIDADES...

1. Quais das recomendações que você acabou de ler fazem parte do que você sempre faz?

2. Assinale com um **x** tudo o que devemos fazer para manter a higiene e a saúde do nosso corpo.
   - [ ] Lavar as mãos antes das refeições.
   - [ ] Manter as unhas compridas e sujas.
   - [ ] Escovar os dentes.
   - [ ] Andar descalço.
   - [ ] Tomar banho diariamente.

☐ Dormir depois da meia-noite.
☐ Praticar esportes.
☐ Usar roupas limpas.

3. Observe as ilustrações e resolva a cruzadinha.

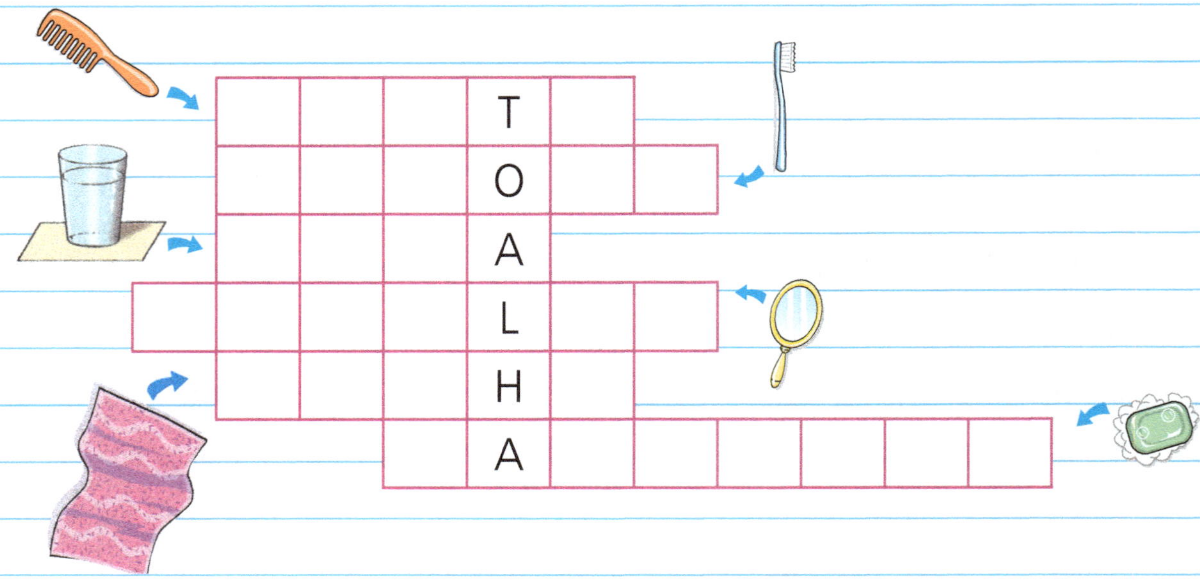

A transmissão de doenças

Várias doenças que afetam os seres humanos são provocadas por alguns tipos de vírus, bactérias, fungos e também vermes.

Adquirimos essas doenças quando entramos em contato com o ar contaminado ou usamos objetos mal lavados (copos, pratos, talheres) ou, ainda, pela picada de insetos, como no caso da dengue, que é transmitida pela picada da fêmea do mosquito *Aedes aegypit*.

No caso da transmissão por insetos, devemos prevenir a doença impedindo que os insetos transmissores proliferem.

Para a prevenção da dengue, devemos adotar as seguintes medidas:

1. Não deixar no quintal ou em áreas externas objetos como garrafas, pneus ou outros recipientes que possam acumular água, pois a fêmea do mosquito transmissor da dengue põe seus ovos nesses locais.

2. Colocar areia nos pratinhos que ficam embaixo das plantas, para evitar que acumulem água.

3. Lavar diariamente a vasilha de água dos animais domésticos.

4. Tampar as caixas-d'água e mantê-las limpas.

5. Cobrir as piscinas.

Outra doença transmitida por animais é a raiva, que é causada por um vírus transmitido pela mordida de animais contaminados, como o cão, o gato, o macaco, o morcego etc. Para evitá-la, os cães e gatos devem ser vacinados anualmente.

Muitas doenças provocadas por vírus e bactérias podem ser prevenidas pelas vacinas. Veja as vacinas obrigatórias:

- difteria, coqueluche, tétano (Vacina Tríplice);
- sarampo, rubéola, caxumba, meningite e hepatite;
- poliomielite (paralisia infantil) (Vacina Sabin);
- tuberculose (Vacina BCG).

Saiba que

Os vírus e as bactérias só podem ser vistos com o **microscópio**.
Quando os vírus entram em nosso corpo não adianta tomar antibióticos. Esses remédios matam apenas as bactérias.
Para evitar os vírus, são fabricadas as vacinas.

Para prevenir doenças, devemos **evitar** algumas situações.

Ficar perto de pessoas com tosse.

Ficar perto de alguém com gripe, espirrando.

Beijar alguém que esteja com fungos na boca (sapinho).

Beber água sem filtrá-la ou fervê-la.

Usar copos ou xícaras de pessoas doentes.

Usar toalhas, lenços etc. de pessoas doentes.

As doenças causadas por vermes chamam-se verminoses e são transmitidas por alimentos contaminados (frutas e verduras mal lavadas), água contaminada, carnes cruas ou mal cozidas, mãos sujas, objetos contaminados (brinquedos, copos, pratos, talheres etc.) e contato com fezes contaminadas.

Existem vários tipos de vermes e as doenças mais comuns causadas por eles são a ascaridíase (lombrigas), a teníase (solitária), a oxiuríase, a ancilostomíase (amarelão) e a esquistossomose.

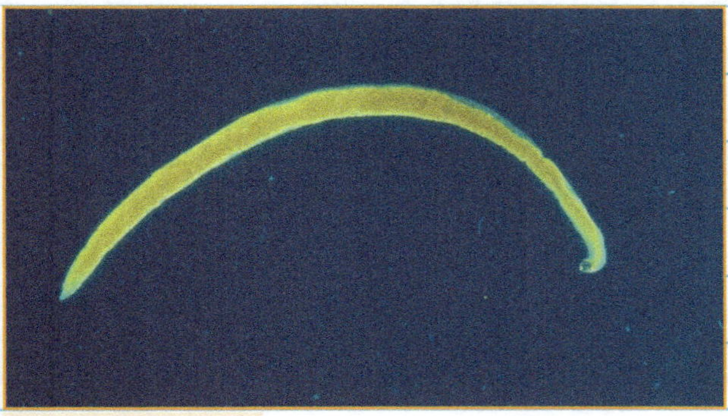
LESTER V. BERGMAN/CORBIS/LATINSTOCK
Ancilóstomo.

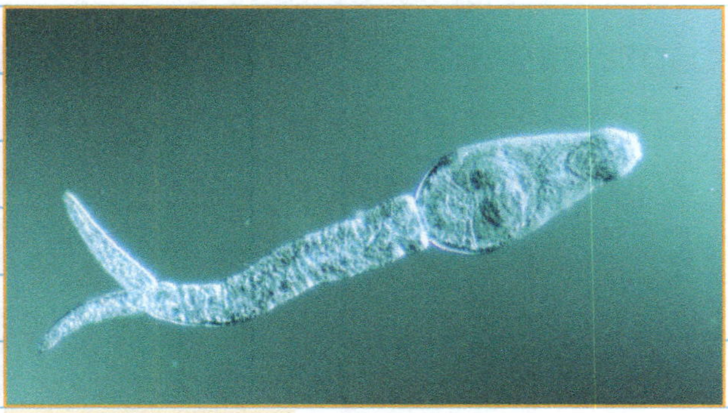
SINCLAIR STAMMERS/SPL/LATINSTOCK
Esquistossomo.

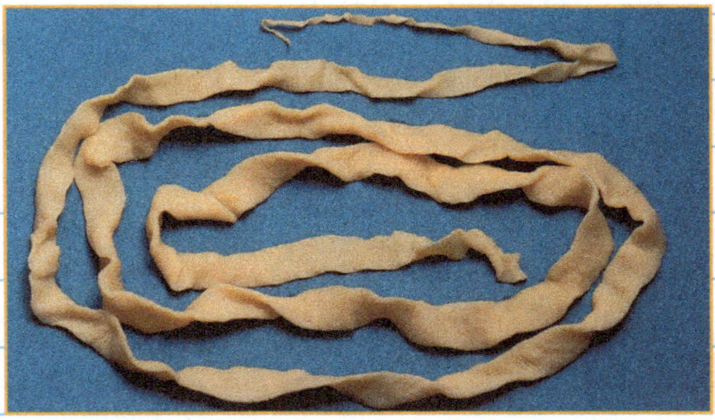
FABIO COLOMBINI
Solitária.

SINCLAIR STAMMERS/SPL/LATINSTOCK
Lombriga.

JAMES CAVALLINI/GRUPO KEYSTONE
Oxiúro.

Os principais sintomas relacionados com as verminoses são: cólicas abdominais, enjoo, mudança do apetite, falta de disposição, fraqueza, emagrecimento, tonturas, vômitos, diarreia com ou sem perda de sangue, ou fome constante.

No caso do amarelão, o contágio pode acontecer pela penetração direta pela pele (sola dos pés) se a pessoa pisar em solos contaminados por fezes humanas que contenham ovos do verme.

A esquistossomose é transmitida em lagos ou lagoas contaminadas, pela entrada direta na pele dos pés, mãos ou boca.

Para evitar as verminoses, deve-se:

- lavar bem os alimentos;
- não andar descalço;
- beber água filtrada ou fervida;
- comer carne bem assada ou cozida;
- lavar as mãos antes das refeições e depois de usar o sanitário;
- não tomar banho em rios contaminados.

Animais peçonhentos

Certos animais, como o escorpião e algumas cobras e aranhas, são peçonhentos, isto é, são capazes de injetar veneno em outro animal. O veneno pode intoxicar e até matar uma pessoa.

Quando se sentem ameaçados, os animais reagem de diversas formas. Primeiro tentam escapar, depois ameaçam e só atacam se não houver outra alternativa.

Os animais peçonhentos picam para matar os animais que eles comem e para se defenderem.

Quando uma pessoa é picada por algum desses animais, ela deve ser encaminhada para o pronto-socorro para receber soro contra a picada do animal.

PATRÍCIA SANTOS/FOLHA IMAGEM

Cascavel.

ABLESTOCK

Aranha.

CPG

O escorpião pica quando se sente ameaçado ou para capturar uma presa e se alimentar.

Saiba que

Nem todas as cobras e aranhas são peçonhentas.
Todos os escorpiões são peçonhentos.

ATIVIDADES...

1. Complete.

   a) Os vírus, certas bactérias, alguns tipos de fungos e também os vermes podem causar ______________.

   b) Podemos ver os vírus e as bactérias com o ______________.

   c) As ______________ nos protegem contra doenças.

2. Complete as frases e depois resolva a cruzadinha.

   1. Doença transmitida pela mordida do cão.
   2. Faz parte da vacina Tríplice: ______________.
   3. A mordida de um ______________ pode transmitir a raiva.
   4. A ______________ é causada por vírus.
   5. Para evitar doenças, devemos ter muita ______________.
   6. Existem soros contra picadas de ______________, aranhas e escorpiões.
   7. Podemos contrair doenças, por exemplo, ficando perto de pessoas com ______________, gripe etc.

		1				V		
		2				A		
					3	C		
			4			I		
5						N		
	6					A		
			7			S		

3. Cite as medidas de prevenção contra a dengue:

4. Quais são as principais vacinas que devemos tomar para prevenir doenças?

5. Quais são os principais sintomas das verminoses?

6. O que deve ser feito no caso de picada de animal peçonhento?

Objetos perigosos

Ao nosso redor, existem muitos objetos e substâncias perigosas, principalmente para as crianças.

ATIVIDADES...

1. Observe a ilustração e escreva nomes de objetos e substâncias que representam perigo.

2. Que perigo há em:
   a) tesouras? .
   b) lâminas? .
   c) álcool? .
   d) inseticidas? .

3. Você já sofreu algum acidente com um objeto perigoso? Conte como foi.

4. Assinale quais destes hábitos você tem.

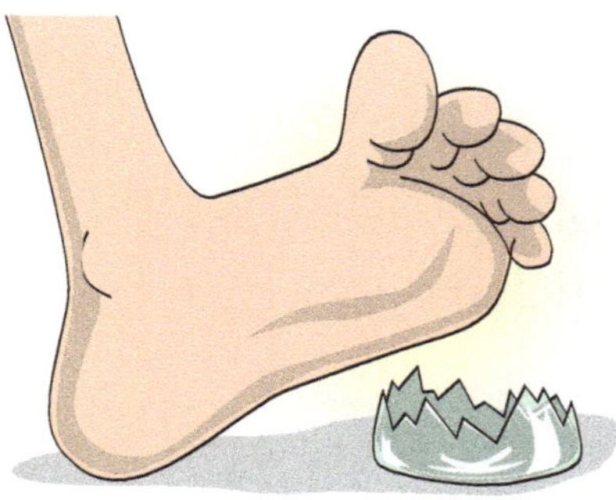

☐ Não anda descalço. Se anda, olha onde pisa.

☐ Observa os sinais de trânsito ao atravessar as ruas.

☐ Não corre com garrafas ou objetos de vidro ou cortantes nas mãos.

5. Assinale o que nunca se deve fazer.

☐ Chegar perto do fogão onde há vasilhas com água, leite ou comidas fervendo.

☐ Usar álcool ou gasolina para fazer fogueiras.

REFORÇO 12

Saneamento básico

Tratamento da água

Para garantir a boa qualidade da água e dar tratamento ao lixo e ao esgoto, existe o saneamento básico.

Nas cidades, em geral, há estações de tratamento de água.

Nessas estações a água é purificada com produtos químicos. Somente depois desse tratamento ela é distribuída por toda a cidade.

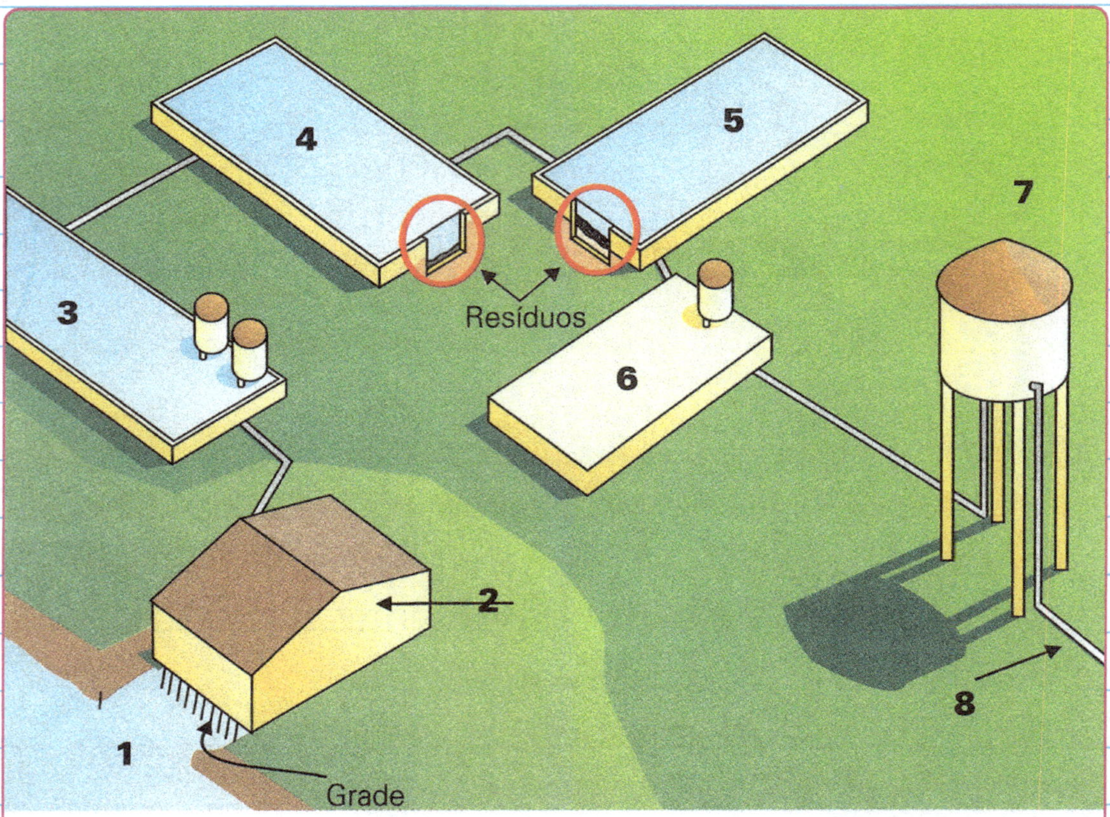

1. Tomada de água no rio
2. Bombeamento
3. Aplicação de sulfato de alumínio, cal etc.
4. Tanque de decantação
5. Filtro de areia e cascalho
6. Aplicação de flúor e cloro
7. Reservatório de distribuição
8. A água tratada vai para as casas

Coleta e tratamento do lixo

Deve-se colocar o lixo em sacos plásticos para ser levado pelo lixeiro. Onde não há coleta, o lixo deve ser queimado ou enterrado.

O lixo não deve ser jogado em terrenos, pois atrai insetos e outros animais nocivos ou que transmitem doenças. Além disso, o lixo traz mau cheiro.

A melhor maneira de dar fim ao lixo é pela **reciclagem**.

Reciclagem é o reaproveitamento de materiais. Para isso, os materiais são separados: plásticos, papéis, vidros e metais.

Em muitos locais existem recipientes de cores diferentes para a coleta de lixo a ser reciclado.

Pela reciclagem os plásticos, papéis, vidros e metais são transformados em produtos novos.

viram → papelão e papel higiênico.

viram → garrafas e vidros novos.

viram → latas e embalagens novas.

viram → novos produtos de plástico.

Os restos de alimentos, as cascas de frutas, de ovos, pó de café etc. são materiais orgânicos. Esses materiais orgânicos são transformados em adubo natural.

ATIVIDADES...

1. Coloque **V** se for verdadeiro e **F** se for falso.

- ☐ O lixo deve ser colocado em sacos plásticos.
- ☐ Deve-se deixar o lixo descoberto.
- ☐ Onde não há coleta, o lixo deve ser queimado ou enterrado.
- ☐ Os insetos atraídos pelo lixo podem transmitir doenças.

2. Por que o lixo não deve ser jogado em terrenos?

3. Para que existe o saneamento básico?

4. O que acontece nas estações de tratamento da água?

5. O que é reciclagem?

6. Que materiais são reaproveitados do lixo?

7. Em que é transformado o material orgânico do lixo?